워킹백워드

워크북

"고객 가치 중심으로 일하는 방식"

Learning & Growth

목차

13 FAQ의 구성과 역할

12 성공을 보여주는 PR

11 Learning Card와 Pivoting

10 Assumption 검증 결과 정리 및 판단

9 Assumption 우선순위 도출

8 CSP/Idea Hypotheses와 Assumption 도출

7 Convergent Thinking과 DMC

6 Idea Generation

5 Deep Dive Into pain point

4 Problem Hypotheses

3 Customer Hypotheses

2 Persona 작성 및 구성 항목

1 Business Problem

추천사 1 · · ·

최근 우리는 산업 간 경계가 모호해지고 경영의 불확실성이 커지는 상황이 코로나19로 인해 가속화되면서, 당장 죽을 수도 있다는 위험하고 절박한 환경 앞에 놓여 있습니다.

속한 산업군, 과거부터 연구해 온 타겟 고객 특성에 대한 이해, 시나리오기반의 미래 예측 등을 통한 전통적인 신사업 개발, 상품기획 활동이 시장에서 제대로 작동하지 못하거나, 사업자 주도로 만들어 낸 상품이나 서비스가 시장과 고객에게 외면당하는 경우를 우리는 쉽게 찾아 볼 수 있습니다. 이러한 상황에서 대다수의 상품기획자(신사업개발자, 마케터)들은 고객의 마음을 제대로 이해하고 고객에게 꼭 필요한 혁신 상품을 기획해야 한다는 요구를 받고 있고 많은 조직에서 Lean-startup, Design Thinking, Agile 방법론 등 다양한 고객 관점의 혁신 상품기획 방법론을 배우기 위한 시도를 해 본 경험이 있을 것입니다.

시도가 얼마나 유의미한 성과로 이어졌나요?
여기서 핵심은 고객을 어떻게 제대로 이해하고, 고객에게 꼭 필요한 상품이라는 것을 무엇을 통해 알아낼 것인가 일 것입니다.

필자는 이 질문에 대한 해결 방법으로 '거꾸로 일하기' 라는 '워킹 백워드 방법론'을 한국 대기업의 실전 프로젝트 팀에서 활용한 사례를 소개하고 있습니다.

아마존 워킹 백워드는 제품에 대한 아이디어로 시작하는 것이 아니라 고객에서 시작해 제품을 만들어내는 방법론이며 고객의 Pain-point를 해결하는 기획에서 시작하기 때문에, 제품이나 서비스의 최종 산출물이 명확해지고, 제공되는 가치가 명확하다는 장점이 있습니다.

실제로 제가 필자와 함께 워킹 백워드 방법론을 적용하여 프로젝트를 수행해보니, 우리나라 일반 기업에서 일하는 방식과 가장 큰 차이점은 '고객 이해의 방식' 이었습니다.

일반적인 대기업의 사업 개발 및 상품 기획 프로세스는 3C분석과 함께 기획하고자 하는 상품과 유사한 상품/서비스를 이용하는 고객과 같은 내부 데이터를 분석하여 타겟 고객의 특성을 정의합니다. 그리고 상품기획자가 고객의 니즈를 상상하여 '그럴 것이다' 라고 생각한 상품 컨셉을 정한 다음, 리서치 업체와 고객 좌담회를 통해 이용 니즈나 가격 수용도, 보완점을 확인하는 방식을 활용하고 있는 것으로 알고 있습니다. 이 과정은 매우 일반적인 방식이지만, 군데군데 세운 가정의 Hole을 감내할 수 밖에 없고 상품기획자의 역량에 의존할 수 밖에 없다는 단점을 실무에서 느껴왔습니다.

제가 실무 현장에서 느꼈던 어려움을 좀더 구체적으로 말씀드리면,

첫째, 유사한 상품과 서비스를 이용하는 고객으로 분류된 사람들이 신규로 기획하는 상품이나 서비스에서 제공되는 가치의 필요성을 동일하게 느낄 것인가? 이에 대한 확신은 무엇으로 가질 수 있는가?

둘째, 고객 좌담회를 통해 나온 결과값을 어떻게 해석할 것인가? 제시한 컨셉에 대해 30명 중 20명이 호감을 보였다면 제대로 고객 니즈를 파악한 상품을 만들어 낸 것인가?

'평균의 함정'이라는 말처럼 고객의 다양한 특성을 평균화하는 경우, 실제로 그 평균에 해당하는 사람은 존재하지 않을 수 있는데 우리가 고객을 이해하는 방식은 평균적인 고객을 찾는 활동에 의존하고 있는 것이 아닌가 하는 부분이었습니다.

반면에, 워킹 백워드 방법론은 한 명의 페르소나로 정의하는 데서 출발하여 니즈를 파악하고 구체화하기 위해 고객을 직접 만나서 '맥락'을 파악하는 활동을 수행합니다. 이렇게 완성된 페르소나와 C-P-S(Customer-Problem-Situation) 검증을 통해 시장에 존재하는 고객의 규모를 확인하는 점증법에 가까운 방식으로 저는 이해하고 있습니다.

사실 이 부분이 우리나라 기업의 신사업개발자나 상품기획자, 마케터들에게 낯선 지점일 것입니다.

실제 프로젝트를 하면서 한 명의 고객을 통해 발견한 인사이트를 기반으로 기획을 하는 경험이 생소하기도 할뿐더러, 이런 과정 자체가 risky하다고 보는 사람도 있고, 실제 유효한 마켓 사이즈가 될 수 있는지의 여부는 프로세스 중반에 확인이 가능하기 때문에 쓸데없는 시간 낭비를 하는 것이 아니냐라는 의문을 가지는 사람도 있을 것이기 때문입니다.

이 책을 통해 이런 의문을 하나씩 해소하고, 고객에 대한 깊이 있는 이해가 바탕이 된 신사업개발, 상품 기획, 마케팅 활동 등을 해보고 싶은 실무자들께 이 책을 추천드리고 싶습니다.
물론, 그 과정에서 새로운 의문을 갖고 더 나은 방식을 찾아낼 수 있기를 희망합니다.

최근 서점에 가보면 이러한 아마존의 혁신 상품 기획 방법론과 관련된 책들을 많이 볼 수 있을 것입니다. 대부분의 책들은 관련 내용을 충실히 설명해주고 있으나, 우리 나라 기업의 현실에 맞게 실제 적용함에 있어서의 한계점 등을 극복할 수 있는 Tip까지 제공해주는 책은 아직까지는 없는 것 같습니다.

이 책은 고객 중심으로 일하는 방법으로 알려진 아마존 워킹 백워드 방법론을 실전 프로젝트에 적용한 필자의 경험에 비추어 우리나라 기업의 현실에 맞게 단계별로 자세하게 기술된 워크북으로, 막연히 고객 관점으로 일을 해야 한다는 요구를 받는 실무자들이 어떻게 해야 할 지를 알려주는 길잡이 책이 될 것입니다.

물론, 아마존의 워킹백워드 방법론이 우리나라 모든 기업 활동에 잘 맞는 방법론이라고 생각하지는 않습니다만, 위 방법론을 적용하여 고객 중심의 컨셉을 발굴하게 되고, 지금은 아니더라도 어느 시점에 활용할 수 있는 Seed가 될 것이라는 점을 확신합니다.

- 남효련님 (LG U+)

추천사 2 · · ·

아이디어를 낼 때 브레인스토밍을 하면 된다고 합니다. 그리고 4명에서 5명의 사람들이 모여 브레인스토밍을 통해 적게는 10개, 많으면 20개 정도의 아이디어를 내고 더 이상 좋은 아이디어가 안 나온다고 합니다.

정말 그럴까요?

IDEO같은 창의적인 생각을 잘 하는 조직이나 개인은 똑같은 브레인스토밍을 해도 100개, 아니 그 이상의 아이디어를 도출해냅니다. 그래서 브레인스토밍을 잘 하는 사람에게 그 방법, 노하우, 팁 등을 물어보면 돌아오는 대답은 '그냥 한다' 또는 '생각하다 보면 아이디어가 떠오른다'는 것입니다. 우리는 고수의 '상위 단계 암묵지'가 궁금한데 고수는 본인이 무의식적으로 사용하고 있는 생각, 결정, 행동에 대해 형식지화하여 설명을 잘 못하는 경향이 있습니다.

다행히 브레인스토밍을 더 쉽게 할 수 있는 세부 방법이나 노하우는 TRIZ, SCAMPER, 연꽃기법, 형태분석법 등 형식지로 정리된 것들이 있습니다.

최근 아마존의 워킹백워드를 벤치마크 하는 회사들이 많이 늘고 있습니다. 그래서 구글링도 하고 책도 보고 전현직 아마존 사람들을 만나 이를 배우고 적용해보려 하지만 대부분 어려워합니다. 왜냐하면 '페르소나를 정의한다' 또는 '고객의 Pain point를 찾아낸다'와 같이 '상위 단계'에 해당하는 내용을 소개하고 있기 때문입니다. 즉 우리가 갈증을 느끼는 것은 브레인스토밍을 하면 된다는 것이 아니고 이를 더 쉽게 적용할 수 있는 방법인데, 기존에 오픈되어 있는 자료들로는 이를 해갈할 수 없습니다.

이 책은 워킹백워드를 접목하는 과정에서 어려움을 겪고 있는 분들에게 필요합니다. 첫 단계에서 마지막 단계까지, 그리고 여러 번의 시행착오나 Iteration을 경험한 사람들에게 유용합니다. 저자가 아마존 사람들과 함께 국내 회사 직원들을 대상으로 워킹백워드 워크샵을 진행하면서 직접 보고 듣고 경험한 사례들을 녹여 넣었기 때문입니다.

당신이 만약 고객을 최우선으로 생각하고 문제를 해결하려고 하는 조직, 워킹백워드 워크샵을 진행하다가 막힌 경험이 있는 팀, 단순 피벗이 아니라 성공 가능성을 높이는 방향 전환을 하고 싶은 스타트업 등에 있다면 이 책이 필요할 것입니다.

- 정종찬님 (시그나이터)

서문 · · ·

저는 통신사에서 영업/마케팅 업무로 직장 생활을 시작했고 현재는 연수원에서 상품기획 관련 교육 업무를 담당하고 있습니다. 십 년 가량 교육업무를 수행하며, 이 업이 사람들을 돕는 것이라고 생각하며 제 나름의 삶을 꾸려가고 있는 평범한 직장인입니다.

본 도서의 주제인 Working Backward는 제가 소속된 그룹 계열사의 상품기획자들이 업무를 조금 더 잘 수행할 수 있도록 돕기 위해 여러 글로벌 기업의 신사업개발/상품기획 방법을 리서치하며 알게 되었고, 그 후 운이 좋아 Amazon의 다양한 조직과 여러 방면으로 협업을 하며 Working Backward에 대해 깊게 고민하고 이해할 수 있는 기회를 가지게 되었습니다.

저는 기업의 일하는 방식이나 방법론은 절대적이거나 고정적인 것이 될수 없고, 각 자의 비즈니스 상황과 맥락 속에서 구성원들의 관점과 경험이 더해지며 끊임없이 진화하는 것이라고 생각합니다.

제가 이 도서에서 소개하고 있는 Working Backward 내용은 제가 소속된곳의 비즈니스 상황과 맥락 그리고 그 안에서 제가 가진 관점과 경험을 더해 현재 시점에서 정리한 중간 결과물로 생각해주시면 좋을 것 같습니다.

그래서 독자 여러분께서 Working Backward original version 인가요? 라는 질문에 대해서는 제 답은 'NO' 입니다. 그러나 Working Backward가 갖고 있는 핵심 뼈대(철학, Process, 활용 도구 등)은 충실하게 담았느냐는 질문에 대해서는 그 누구보다 자신있게 'YES'라고 답을 할 수 있습니다. 그리고 기업에서 실질적으로 써먹을 수 있느냐는 질문에 대해서는 가장 자신 있게 'YES'라고 답할 수 있습니다.

그 동안 한국의 많은 조직에서 Design thinking, Lean start-up, Agile development와 같은 혁신 방법론들을 조직에서 효과적으로 활용해보고자 많은 노력을 기울여 왔고, 최근에는 많은 기업이 Amazon의 일하는 방식인 Working Backward에 대해 이전 노력만큼이나 관심을 갖고 적용해 보려는 것으로 알고 있습니다.

그러나 Amazon이 그들의 기업 운영 철학과 비즈니스 특성 속에서 만들어 온 일하는 방식을 문화와 특성이 다른 우리 기업에 그대로 복제하여 활용하며 효과를 본다는 것은 결코 쉽지 않은 것이 현실입니다. 과거 TOYOTA의 lean manufacturing, MOTOROLA의 six sigma, GE의 lean six sigma부터 최근 IDEO의 design thinking, Steve blank, Eric ries의 lean start up에 이르기까지 소위 말하는 Innovation Methodologies라는 것들을 적용하는 과정에서 각 기업이 저마다 갖고 있는 웃픈 에피소드들이 그 어려움을 보여주는 반증이라고 생각합니다.

Bench marking을 통해 내부의 일하는 방식을 Amazon만큼 고객 중심적이고 Agile하게 고도화하고 싶다는 희망은 많은 조직에 존재하나 그 핵심 방법론인 Working Backward에 대해서는 대부분의 조직들이 이 방법론을 이제 막 이해해보려고 노력하는 단계에 있다고 생각합니다.

그러다보니 상대적으로 Working Backward를 빠르게 이해하고, 실전 비즈니스에 체계적으로 적용하며 유의미한 성과를 거두었던 경험이 있는 저에게 Amazon의 Working Backward를 한국 기업(?) 맥락으로 재해석하며 적용했던 과정에 대해 궁금해하며 소개를 부탁하는 기업들이 꽤 많았습니다. (경험적으로 Amazon을 통해 내용을 소개받고 조직에 적용을 해보려고 노력하는 과정에 있는 기업에게 요청이 더 많았습니다)

'일하는 방식'에 절대적인 끝판왕 같은 존재가 있는 것이 아니고 비즈니스 세계에서 다양한 관점과 경험들이 더해져 그것이 진화하는 것이라면, 지금까지 제가 이해하고 실무에 적용했던 내용을 사람들과 공유하고, 이를 발판 삼아 각 자가 진화 발전해 나간다면 이 활동이 사회적으로 매우 가치가 있지 않을까하고 생각을 하였습니다. 그리고 그것이 지금 이 도서를 집필하게 된 핵심적인 이유이기도 합니다.

제가 Amazon의 Working Backward를 좀더 빠르게 이해하고 한국 기업(?) 맥락에 맞게 방법론을 적용하며 실제 비즈니스에서 의미있는 결과를 도출할 수 있었던 배경에는 아이러니하게도 많은 기업에서 본인들과 잘 맞지 않다고 이야기하는 Design Thinking, Lean Start up, Agile Development 를 Working Backward에 상호보완적으로 적절하게 녹여 활용했기 때문이라고 생각합니다. 저 역시 몇 년 전에 IDEO와 함께 3개월 간의 프로젝트를 진행하며 그들의 방법론 중 일부가 납득되지 않거나 제가 소속된 조직과 맞지 않다고 판단한 부분이 꽤 많았습니다. 그래서 이런 방법은 미국 실리콘밸리 문화에서나 통하지 한국 대기업에는 적용하기 어렵다고 단정 짓기도 했었습니다.

그러나 제가 Working Backward를 접하게 되고, 이 방법론을 상품기획자들이 잘 활용할 수 있도록 돕기 위해 콘텐츠를 하나하나 뜯어보면서 Design Thinking, Lean Start up 등과 상호 보완할 수 있는 부분들이 꽤 많다는 것을 깨닫게 되었고, 그러한 것들을 방법론 상에 하나하나 채워 나가며 전혀 다른 문화와 특성을 가진 기업에서도 Working Backward를 효과적으로 활용할 수 있는 수준으로 완성할 수 있었습니다.

아마도 새로운 기회를 발굴하거나 고객 중심적으로 컨셉 등을 개선하는 방법과 관련하여 제가 이해한 것보다 훨씬 더 본질적이고 깊은 고민을 하신 분들이 당연히 계실 것입니다. 그런 분들께는 부족한 내용에 대해 너그럽게 이해를 구하는 한편, 이 도서를 통해 Venture부터 대기업에 이르기까지 한국의 기업들이 좀더 효과적인 일하는 방식과 Process를 조직 내에

뿌리 내리며 Global 시장에서 우위를 가지는데 작은 밑거름이 되었으면 하는 나름의 소망도 가져봅니다 많은 격려와 응원부탁드립니다.

이 책은 누가 읽으면 좋을까요?

새로운 기회(신사업, 신상품, 내부 개선 과제)를 발굴/기획하고 있는 독자에게 추천합니다.

(위의 업무를 지원하는 경영진이나 기업의 교육담당자, 프로젝트 리더에게 추천합니다)

도서 집필 시 독자의 어떤 문제를 염두에 두었나요?

글로벌 기업에서 내부적으로 활용하고 있는 검증된 방법론을 도입하여 새로운 기회를 발굴하고 싶지만, 방법론의 구체적인 적용 과정과 그것을 실제 비즈니스에 적용한 사례를 알 수 없다는 문제를 갖고 있으실 것이라는 가설을 염두에 두고 작성하였습니다.

이 도서를 통해 얻을 수 있는 Benefit과 긍정적 경험은 무엇인가요?

Amazon의 일하는 방식인 Working Backward 방법론에 대해 매우 깊게 이해할 수 있고, 각 단계 별로 실무에 활용할 수 있는 구체적인 방법을 익힐 수 있습니다. 세부적으로는 '고객'과 '고객의 문제', '고객 Benefit 기반의 Solution'을 도출하는 표준화된 과정을 학습할 수 있고, Data 기반으로 고객들에게 가볍고 빠르게 검증하며 Pivoting하는 방법을 이해할 수 있게 됩니다.

또한, Working Backward 방법론을 한국의 대기업 상품기획팀이나 신사
업 개발팀에 Acceleration Program으로 진행했던 사례를 통해 이 방법론
이 소속된 조직에서 Working Backward를 어떻게 적용할 수 있는지도 확
인할 수 있습니다.

1장

Business Problem

·

1장

Business Problem

본격적으로 Working Backward 방법론을 살펴보기 전에 반드시 먼저 선행되어야 하는 일이 있습니다. 바로 진행하고자 하는 프로젝트(과업)에 대한 방향성을 구체화하는 것입니다.

사실 이 부분은 Working Backward를 차지하고서라도 조직에서 어떤 프로젝트를 수행하더라도 항상 선행되어야 하는 부분이기 때문에, 독자분들은 이 단계 진행에 대해 큰 불편함은 없을 것으로 생각됩니다.

프로젝트의 방향 구체화를 위한
Business Problem 정의

다만, Working Backward 방법론에서 좀 차이가 나는 부분은 방향성을 구체화하는 과업은 진행하되 일반적인 기업에서 몇 달에 걸쳐서 수행하는 수준으로 하지 않는다는 것입니다.

제가 경험했거나 동료들로부터 듣고 있는 대부분의 한국 기업문화에서는, 실무자들이 피똥을 싸며 분석한 내용들이 의사결정권자에게 보고가 되면 (특히, 고위임원의 승인을 얻은 상황까지 가게 되면) 프로젝트 방향 전환이 어렵습니다. 즉, 프로젝트(과업)을 둘러싼 환경이 변해도 '될 때까지 한다' 정신으로 마치 꼭 정답은 '보고된 그것'이어야만 한다는 식으로 진행되는 경우가 부지기수인 것 같습니다.

이에 반해 아마존 방식을 살펴보면, 분석/정의한 범위와 방향 내에서 과업을 진행하다가 의미 있는 변화 Point가 있거나 고객에게 더 나은 가치를 제공할 수 있는 사항이 확인되면 프로젝트 팀의 방향을 Pivoting하는 것은 매우 일반적이며, 팀 전체가 Pivoting할 수 없는 경우에는 그 기회를 포착해낸 Builder 한 명이 새로운 프로젝트 팀을 구성해서 기존의 검토 범위를 벗어나는 과업을 수행합니다. 아마존의 조직 운영 방식을 이야기할 때 항상 나오는 단어가 있습니다. 바로 Two Pizza Team입니다. 두 판의 피자를 나누어 먹을 수 있는 인원 수로 팀을 구성하고, 과업의 양이 그것을 초과하는 수준이 될 때 새로운 프로젝트 팀을 구성/운영한다는 것입니다. 아마도 아마존에서는 이러한 조직 운영 방식이 구조적으로 뒷받침되고 있기 때문에 프로젝트를 진행하는 과정에서 기회를 유연하게 탐색하고 확장하는데 더 용이할 수 있을 것입니다.

사실 이 차이는 '누가 더 낫다'라고 할 수 있는 부분은 아닙니다. 위 내용은 조직 운영 방식 측면에서 아마존이 기회 탐색과 확장을 잘 해올 수 있었던 비결 정도로 생각해주시면 좋을 듯 합니다.

Working backward 에서 프로젝트 방향성 구체화 (Business Problem)을 위한 Frame은 3가지 질문으로 구성되어 있습니다.

> A. What is the current situation?
> B. So What is the current Outcome?
> C. Now What should our desired outcome be?

언뜻 봐서는 매우 간단합니다. 지금의 상황과 그 상황 속에서 우리 조직이 얻고 있는 결과물은 무엇인지, 그리고 이 프로젝트 팀에서 무엇을 만들어 내고자 하는지에 대한 질문입니다. 이 질문 하나하나에 대한 내용은 다음 장에서 자세하게 살펴보도록 하고, 이 질문들에 대한 답을 왜 구하는지, 그 아웃풋은 어떤 모습으로 나타나는지를 먼저 확인해봅시다.

우선 Business Problem을 먼저 정의하는 이유는 Working Backward 방법론을 적용하고자 하는 출발점 즉, 사업 영역을 정의하기 위해서입니다. 이 출발점(영역)을 명확하게 하지 않으면 뒤의 Persona를 작성할 때 프로젝트 팀원들이 생각하는 고객의 범위가 모두 달라지게 됩니다. 프로젝트 팀에서 검토해보려는 고객이 홈 IoT의 고객인지, 반려견 미용에 대해 고민이 있는 고객인지, 자동차 전장 부품사 고객인지 등을 정하기 위함이죠.

예를 들어, 기저귀에 많이 사용되고 있는 SAP(고흡수성수지) 원료를 생산하는 회사가 미래 성장성이 좋은 B2C 영역에서 신사업기회를 찾아보자고 막연하게 이야기할 경우 누군가는 홈가드닝, 누군가는 Pet 시장, 누군가는 주방용품 등 각자가 성격이 다른 영역을 고민할 것입니다.
그렇기 때문에 현재 우리 사회의 트렌드, 사업을 둘러싼 전반적인 상황 그 속에서의 사업 현황, 우리가 집중해야 할 영역에 대해 사전적으로 정의하여 함께 고민해야 할 범위를 명확하게 하는 것이 중요하고 Business Problem 단계가 바로 그 역할을 수행해줍니다.

다음으로 Business Problem의 아웃풋이 어떤 형태로 나오는지 아래 샘플을 통해 간단하게 살펴보겠습니다.

인테리어 소재 회사의 Business problem
A. What is the current situation?
 - 건강에 대한 관심도 증가
 - 사회적 '성공'보다는 개인의 '실리와 성장'에 의미
 - 급작스런 환경 변화로 인한 '재택근무'의 일상화
 - 외식이 줄어듦에 따른 가정 내 주방 인테리어 관심 증가
B. So What is the current Outcome?

- 욕실 중심의 사업구조 (Home 관련 소재 중 욕실 비중 70%, 바닥재 20%, 기타 10%)
- Home 관련 친환경 소재 시장의 연평균 성장률은 15%인 반면, 자사 친환경 소재 성장률은 9%로 시장 성장률 대비 저조

C. Now What should our desired outcome be?
- 친환경 주방 소재 신시장 기회 발굴 (국내 기준 Total Market Size 100억 원 이상)

간단해 보이는 이 Business Problem 작성이 실전에서는 만만치 않지만, 작성이 되었다는 가정하에 이것이 활용되는 부분을 먼저 말씀드리겠습니다.

독자분들은 샘플에 나와있는 인테리어 소재 회사의 프로젝트 리더라고 생각해보면서 아래 질문을 읽어주세요. (아래 질문은 Business Problem의 핵심 5Questions이기도 합니다)

1. 당신의 고객은 누구입니까?
2. 고객이 갖고 있는 문제는 무엇입니까?
3. 고객에게 가장 중요한 혜택은 무엇입니까?
4. 고객의 Needs가 존재함을 어떻게 알 수 있습니까?
5. 고객의 경험은 어떤 모습입니까?

아마 대부분의 독자분들은 위 5개 질문 중 적어도 1, 2, 3번 질문은 어렴풋

이나마 쉽게 대답을 하셨을 것입니다. 시험 삼아 위의 Business Problem 과 5Questions 질문을 제 아내에게 보여주고 들은 답변을 그대로 적어 보 았습니다.

1. 고객은 주방을 가장 많이 사용하는 주부일 것 같아
2. 싱크대 상판에 조리할 음식을 도마나 포장지 없이 잠시 올릴 때 찝 찝해
3. 세균이나 환경호르몬 등으로부터 완전 무해한 안전한 주방을 갖게 해주는 것
4. 고민이 필요함
5. 고민이 필요함

이처럼 프로젝트 팀이 달성해야 할 목표(Now What should our desired outcome be?)가 정의되고 나면 어렴풋하게나마 고객, 고객의 문제, 고객 입장에서 중요한 Benefit이 가설적으로 떠오르게 됩니다. 이는 매우 자연 스러운 현상이며 Business Problem는 이 어렴풋한 수준의 생각(가설)들을 구체적인 컨셉으로 다듬어 갈 수 있게 해주는 출발점이 됩니다. 그리고 그 출발점에서 우리는 Persona라는 Tool(도구)를 가장 먼저 활용하게 됩니다.

실전 Tips (1)
Business Problem 잘 작성하기

Business Problem의 3가지 질문에 대한 내용을 좀 더 체계적이고 구조적으로 작성하기 위한 3가지 Tips를 준비했습니다.

1. Current Situation

프로젝트 팀이 현재의 상황을 어떻게 인식하고 있으며, 수많은 현 상황들 중 유의미한 Signal을 어떻게 선정했는지가 드러나는 부분입니다. 충분한 시간 여유와 자원 활용이 가능한 경우엔, 기존에 수행해왔던 수준으로 STEEP, PEST, 5Forces, 3C 등의 Framework을 활용하여 분석하면 됩니다. 그러나 프로젝트를 가볍고 빠르게 진행하고, 추후 컨셉을 검증해가는 과정에서 유연하게 과업 범위를 수정 및 보완해가는 것에 더 매력을 느끼는 팀이 있을 것입니다. 그런 팀은 사회 및 산업 전반의 Trend, 경쟁 현황, 자사 전략 방향 등 본인 팀에서 수행하고자 하는 주제와 연관이 있다고 판단되는 것 중심으로 정리하기를 추천합니다. 아래는 제가 교육 서비스 기

획 업무에서 모바일 마이크로 러닝을 제 업무에 도입하려 할 때 초안으로
작성했던 Current Situation입니다. 아래 샘플을 보면서 Current Situation
작성 Tips와 비교해보기 바랍니다.

사회 전반

-. '*SNS의 일상화*' 등 *PC Web* 기반에서 모바일로의 전환

- 사회적 '*성공*'보다는 개인의 '*성장*'에 의미

- 재화에 대한 '*소유*'보다는 개인의 긍정적 '*경험*'에 의미

- 급작스런 환경 변화로 인한 '*재택근무*'의 일상화

- *Mass Merchandising -> Macro Segmentation*

  -> Micro Segmentation

-> *1:1 개인화 서비스* 등 개인에 대한 맞춤형 서비스에 대한 요구 강화

- 자기 개발은 본인의 성공과 성장을 위한 수단으로 자발적으로 이루
  어지는 경향 강화

교육 산업 Trend

- 화상 교육, *Virtual Facilitation, Mobile Learning, Webinar* 등 비대
  면 교육 방식 확대

- 본인이 원하는 시간과 장소를 선택하여 학습할 수 있는 환경 확대

- *AR, VR, Platform*러닝 등 교육과 기술의 융합 시도 확대

- 저렴하게 수강할 수 있는 *Micro* 컨텐츠의 보급 및 확대

- Micro Contents (짧고 임팩트 있는 컨텐츠) 중심의 접근

2. Current Outcome

Current Outcome 작성 시 가장 중요한 부분은 Current Situation에서 유의미하게 봤던 내용과 연관이 강한 결과물을 작성하는 것입니다. 예를 들어 1번 항목에서 '가정 내 공간에 대한 관심도 증대', '친환경 시장의 확대'와 같은 내용이 기술되었다면 2번 항목에는 '가정 내 공간 관련 사업 현황' 또는 '친환경 시장에서의 자사 제품의 성장률이나 매출 현황' 등을 기술하는 것이 가장 이상적입니다.

하지만 실전 프로젝트 팀을 대상으로 Acceleration을 진행해 본 결과 Outcome을 정성적 측면으로만 적는 경향이 많다는 것을 알게 되어, 성장률 %, CAGR %, 매출 00원, 이익 증가/감소폭 00원, Market Share %, 제품 수 00개 등 구체적 수치로 표현하는 것을 권장한 경험이 있습니다. 이렇게 정량적 수치 중심으로 작성하게 되면, 프로젝트 팀원들이 Business Result의 현 수준 및 상황을 공통 눈높이로 이해하는데 훨씬 유용합니다. 간혹, 정성적인 부분은 모두 배제하느냐는 질문을 하는 경우도 있는데, 정성적 현황도 충분히 반영할 수 있으나 그 주장을 정량화된 수치로 뒷받침하는 것을 추천합니다. 예를 들어, 00 여행 업체에서 '최근 MZ세대의 XX서비스 이용률이 현저히 저하되고 있다'는 식으로 끝내는 것이 아니라, 'MZ세대의 자사 XX서비스 이용률 지속 저하 ('18년 00% -> 19년 00%

-> 20년 0%)' 와 같이 정성적 내용의 상황(상태)를 같은 눈높이로 이해할 수 있도록 정량적 수치를 함께 기입하는 것입니다.

3. Desired Outcome

마지막 Desired Outcome은 프로젝트 팀의 목표나 다름없습니다. 이 목표에는 1번에서 기술한 중요 Key Factor와 연관성이 있으면서, 2번 항목의 Current Outcome을 극복하며 성공적인 사업 기회나 구조를 만드는 내용이 포함됩니다. 이 항목에서는 조직 차원의 Guideline을 명확하게 기술하는 것이 중요합니다. 예를 들면 '친환경 주방 소재 관련 기회 발굴'을 Desired Outcome으로 제시한다면 한국 시장에 국한한 것인지, 국적 불문인 것인지 100억 미만도 진입하겠다는 것인지 최소 1,000억 이상에 한하여 사업을 검토한다는 것인지 등 과업 수행의 Guideline을 명확하게 하는 것이 중요합니다. 이 부분이 중요한 이유는 Working Backward를 본격적으로 적용하면서 최소 수십 회 이상의 Iteration 작업을 수행해야 하며, Iteration은 Desire Outcome에서 정의한 범위 내에서 Pivoting이 이루어지기 때문입니다.

참고로 제가 Acceleration FT (Facilitation)를 진행한 팀 중, 한 팀은 '산업은 어디든 관계없다 최소 000억 이상에서 신(新) 용도를 찾기만 하면 된다'는 조직 차원의 Guideline 하에서 진행한 팀이 있었고, 또 다른 한 팀은 'Market Size 관련 없이 반드시 IoT/센서 관련 산업에서 신사업 기회를 발굴해야 한다'는 Guideline을 받고 진행한 경우가 있었습니다.

첫 번째 팀은 한 달 남짓한 기간에 4개~5개 산업에서 수십 회의 Working backward Iteration을 수행했고, 두 번째 팀은 1개 산업 내에서 적은 횟수의 Iteration을 수행했습니다. 이를 생각한다면 Business Problem에서 작성하는 내용이 얼마나 많은 영향을 미치게 되는지 알 수 있습니다.

실전 Tips (2)
프로젝트의 Target Time을 고려한 내용 작성

•

Current Situation에는 주로 사회나 산업의 동향과 같은 내용이 많이 검토 됩니다. 이 때 사회나 산업의 동향을 작성할 때 프로젝트 팀은 작성하는 내용이 Fad인지 Trend인지 Mega Trend인지 고민하는 것이 필요합니다. 보통 Fad는 6개월~1년 정도 단기간에 유행하는 수준의 내용을 이야기합 니다. 예들 들면 2014년에 유명인사들의 Ice Bucket Challenge가 유행했 었죠. 그리고 지금 다시 그것이 뭔가 중요한 Agenda로 다루어지지 않고 기억 속 이야기로 사라진 것을 떠올리시면 이해가 쉬울 듯합니다. Trend 는 적어도 몇 년간(3년~5년) 지속될 만큼 우리 사회에서 지속적으로 드러 나는 수준이고, Mega Trend는 보통 10년 이상 지속되며 우리 사회에 전 반적으로 큰 영향을 미치게 되는, Trend 대비 더 강력하고 지속적인 속성 으로 이해하면 좋을 것 같습니다.

물론 경우에 따라 사회 전반 상황-산업 상황-내부 상황-하고자 하는 바와 같은 순서로 내용을 작성하지 않고, 가설을 설정하여 그 가설에 타당성을 부여해주는 근거들을 역으로 맞추어 검토하는 것도 매우 좋은 접근 방식 중 하나입니다.

그러나 가설 기반의 역행적인 접근을 수행할 때는 지나친 '의도성'이 발휘되기 때문에 스스로 그 타당성에 대해 critical하게 검토하고자 하는 모습이 함께 수반되어야 합니다. 예를 들어 Home에서 새로운 디스플레이 비즈니스 모델을 만들겠다는 팀을 가정해보면, Home 전체를 말하는 것인지 욕실이지, 주방인지, 인테리어 영역 인지, 홈 IoT 영역인지 등과 같이 추가로 따져야 할 것들은 많습니다. 이를 차치해도 왜 많고 많은 영역 중에 Home인가에 대해 고민을 해봐야 합니다. 아마도 해당 팀에서는 'covid19 이후 댁 내에서 머무르는 시간 증대', '재택 근무 증대로 홈 오피스에 대한 니즈 증대', '인테리어에 대한 시장 수요 확대', '댁내에서의 OTT콘텐츠 소비 증대' 등 Home에서 사업 기회가 많아진다는 가설을 갖고 있을 것입니다. 그런데 만약 해당 팀에서 3년~5년 후에 출시할 중/장기 상품을 기획하는 상황인데 Home 산업을 선택한 근거 상당 수가 일시적 유행으로 끝날 확률이 높은 Fad에 해당하고 있다면 그 산업의 매력도는 낮을 것이고, 당연히 실패할 확률도 높아질 것입니다. 프로젝트팀에서 Working Backward로 적용하고자 하는 영역을 선정하고 주장할 때는 프로젝트팀의 Target Time, 즉 프로젝트가 종료될 때의 아웃풋 이미지 등을 함께 고려하여 주장하는 근거의 내용들이 시기적으로 정렬되도록 하는 것이 중요합니다. 바로 이 때 시도할 수 있는 것이 각 Data Point가 Fad인지, Trend인지, Mega Trend인지를 의도적으로 분류해보는 행동입니다.

쉬어가기 · · ·

실무자의 고충 공감 – 답정너 상황에 놓인 실무자의 고충
·

여러 조직을 대상으로 Working Backward 방법론 강의나 Workshop을 진행할 때 실무자들이 가장 많이 어려워하는 상황이 있습니다. 그것은 바로 '정답이어야만 하는 그것'에 팀의 활동을 끼워 맞춰야 하는 상황입니다.

프로젝트 팀은 검토 초기 단계에 '어떤 고객이 가장 중요한 고객인지?', '어떤 문제가 풀 만한 가치가 있는 문제인지?', '어떤 솔루션이 가장 가치가 클 것인지?' 등이 정의되지 않았는데, 이미 그들이 내놓아야 하는 솔루션이 정해져 있는 경우에 고충을 토로하는데요. 이 부분을 Problem(Customer 포함) 과 Solution이 각각 정의가 되어 있는지 여부를 기준으로, 2X2 매트릭스 상에서 각 Type 별로 살펴보겠습니다.

		Solution	
		Define	Un-Define
Problem	Define	Type I	Type II
	Un-Define	Type III	Type IV

사전에 짚고 갈 것은 Design Thinking이든 Lean Start-up이든 Working Backward이든 기존 문제해결 방법론들이 모든 문제를 해결하는 방법론(만병통치약)이 될 수 없다는 점입니다. 세상에서 혁신 방법론이라고 불리는 것들은 저마다 고유한 특성이 있고, 효과를 발휘하는 영역이 있습니다. Working Backward는 Valuable한 고객과 문제, 고객의 Benefit이 큰 주제의 구체적 컨셉을 찾아가는 방법론입니다. 이를 감안하면서 각 Type 별로 Working Backward의 적용 필요성과 효과성에 대해 살펴보겠습니다.

Type I (Problem 정해짐, Solution 정해짐): 풀어야 할 문제와 솔루션이 정의되어 있습니다. Working Backward 방법론을 굳이 무리해서 적용하며 시간을 낭비할 필요는 없을 것입니다. 솔루션을 개발하는 단계로 넘어가거나 GTM(Go to Market) 전략 등을 수립하는 것이 효과적입니다.

Type II (Problem 정해짐, Solution 찾아야 함): 풀어야 할 문제는 정의되어 있으나 그 문제를 어떤 방법으로 풀어야 할 지 정의되지 않은 상태입니다. 고객의 Benefit이나 경험 중심으로 솔루션을 발굴해 나가는데 일부 활용될 수 있을 것입니다. 별 문제가 없어 보입니다.

Type IV (Problem 찾아야 함, Solution 찾아야 함): 문제와 솔루션 모두 정의되지 않았습니다. Working Backward 방법론 전체를 온전하게 활용하기 딱 좋은 상태입니다.

문제는 바로 Type III (Problem 찾아야 함, Solution 정해짐)입니다. 제가 별도의 공간을 할애하여 지금 이 내용을 기술하는 이유가 바로 이 Type III 때문입니다.

Type III는 우리가 집중해야 할 고객도 우리가 풀어야 할 문제도 정의되지 않았는데 기업이 제공하고자 하는 솔루션은 이미 '답정너'로 정해져 있습니다. 물론 기업의 전략적 방향성을 토대로 체계적인 시장분석과 계획 속에서 도출한 것들도 있습니다. 하지만 이런 경우는 소수일 수밖에 없습니다. 왜냐하면 체계적 분석을 통해 무엇인가 나왔다는 것은 이미 Target Customer와 그 솔루션이 해결할 수 있는 Problem이 포함되어 있기 때문입니다. 따라서 전략적 방향성 속에서 체계적인 시장 분석과 계획을 통해 도출된 내용이라면 필시 그것은 Type III가 아닌 Type I이나 Type II인 경우가 대부분입니다.

현실에서 만나는 실무자들은 Type III가 너무나 많다고 이야기하고 있습니다. 실제 업무 현장에선 '아이디어'로 검토되어야 할 수준의 내용이 Insight라는 이름의 '답정너' 솔루션으로 정해져서 내려오거나, 겉으로는 모든 안을 Zero Base에 두고 검토하는 것처럼 보이지만 그 정해진 답을 이야기할 때까지 반복하며 '숨은 정답 찾기'를 하고 있는 경우가 많습니다. 스타트업 또는 유연하고 폭넓은 권한의 수준을 갖는 팀이나 개인 등을 제외하고는 대부분의 실무자들은 결국 그 속에서 더 나은 기회를 만들어 내야 하는 것이 현실입니다.

그럼 Type III의 상황에 처해있는 팀은 어떻게 하면 좋을까요? 조직의 위계나 상황을 무시하고 "이것이 바른 길이야!" 하고 My Way를 하면 될까요? 상당 수 독자 여러분, 특히 위계가 강한 조직에서 업무를 하고 있는 분들은 쉽지 않을 것입니다.

이러한 상황 (Type III의 상황)에 처해있는 독자 분들은 Persona를 작성할 때 우리가 수행해야 하는 것과 관련된 내용만 철저하게 Focus해서 작성하기를 추천합니다. 예를 들어 일반 가정을 대상으로 홈카페의 구독 상품을 제공하겠다는 Solution을 갖고 온 팀이라면, 철저하게 Persona상에 작성될 Goal은 '홈 카페를 이용하는 것' 또는 '가정에서 제품 구독과 관련된 것'만을 작성하는 것입니다. 마찬가지로 Persona 상에 작성될 Pain은 '홈 카페를 이용하는데 있어서의 Pain', '구독상품을 이용하는데 있어서의 Pain'으로만 좁혀서 접근하는 것입니다. 그렇게 하지 않고 고객의 Goal로 "평소 맛집투어를 즐기고 싶다". Pain은 "맛집에 갔을 때 음식이 남아 있는지 알 수 없고 줄을 길게 서야 한다" 등과 같이 하고자 하는 Solution과 거리가 있는 내용을 작성하고 이를 검토하다 보면, "이 방법론이 우리에게 맞지 않다"는 오해를 하기에 딱 좋은 상태가 되어 버립니다. (물론, Solution의 폭을 유연하게 삭제, 수정, 확장할 수 있는 팀은 Solution을 넘어서는 폭넓은 탐색활동이 유효합니다. 제가 언급하는 Case는 답정너로 Solution을 절대 바꿀 수 없는 상황에 처해 있는 팀에 대한 Tip임을 감안

해주시기 바랍니다)

정해져 있는 영역에 한정하여 탐색하는 것이 불편할 수 있지만, 그렇게 하다 보면 답정너 Solution임에도 불구하고 그 Solution에 가치를 느낄 수 있는 Customer를 발견하거나, 그 Solution이 해결할 수 있는 Valuable Problem을 발굴하는데 의미 있게 활용이 되기도 합니다.

제가 제공하는 Tips만으로는 답답함이 모두 해소되지는 않겠지만, 본 방법론을 처해있는 조직의 환경과 현실을 고려하여, 조금이라도 도움이 되도록 활용하면 좋겠습니다.

2장
Persona 작성 및 구성 항목

2장
Persona 작성 및 구성 항목

Working Backward 방법론은 Persona라는 Tool을 활용하며 본격적으로 시작됩니다. Persona는 고객에 대해 이해하고 공감하는 도구로 활용되며, 보통 상품기획이나 마케팅 등의 분야에서 매우 일반적으로 사용하고 있습니다. 본래 'Persona'라는 단어는 가면이라는 뜻인데 배우들이 가면을 쓰고 벗었다 하며 그 가면을 통해 그 역할이 갖는 인격, 성격 등을 드러내듯이, 비즈니스에서는 Persona를 통해 우리 비즈니스와 관련하여 중요하다고 여겨지는 가상의 인물이 갖는 정보를 표현하게 됩니다. 독자분들은 이런 부분을 감안하셔서 Persona를 실제로 있을 법한 가상의 고객(사람) 정도로 생각하시면 충분할 듯합니다.

보통 Persona를 작성할 때 활용하는 다양한 항목들이 있으나 대부분은 이름, 나이, 성별, 사는 지역, 취미, 직업, 연봉, 고민, 목표, 라이프스타일 등과 같은 것들로 구성됩니다. 그리고 프로젝트 팀은 이 많은 항목 중에서 비즈니스와 유의미한 연관성을 갖는 Data를 우선적으로 반영하고, 검토하게 되는 방식으로 작성되는 경우가 많습니다.

Working Backward에서 Persona는 고객에 대한 이해와 공감을 위한 도구로 활용되는 것은 동일합니다. 하지만 기존 Persona와 다른 점은 '우리 프로젝트 팀이 유의미하게 봐야 할 고객과 가치 있는 문제에 대한 가설(Hypotheses)을 도출하기 위한 도구'로 사용하는데요.

Working Backward에서 활용하는 Persona의 구성 항목을 먼저 간단하게 살펴보겠습니다. Persona는 아래 그림과 같이 Fact, Goal, Pains, Behavior 4가지의 항목으로 구성됩니다.

Framework에서는 4분면 기준으로 Facts, Pains, Behavior, Coals 순으로 위치하고 있지만, W/S에서 논의할 때의 흐름은 Facts, Goals, Pains, Behavior의 흐름으로 진행합니다. 왜 그런지 하나씩 요소를 살펴보겠습니다.

Facts
▶ Target Customer에 대한 factual Information

고려사항
· Demographics (인구통계적 요인)
· Geography (지리적 요인)
· Psychographics (소비라이프스타일)

Pains
▶ 목표를 달성하는 데 있어서의 Pain Point

고려사항
· 각 Pain에 대해 시급성과 강도를 메모
· 각 Pain을 경험하고 있는 고객의 맥락을 확인 (6하 원칙: 5W 1H)

Behavior
▶ 고객이 Pain Point를 극복하고 목표를 달성하기 위해 현재하고 있는 행동

고려사항
· 이 행동이 그들의 Pain Point 해결에얼마나 효과적인가?

Goals
▶ 고객은 구체적으로 무엇을 달성하고자 하는가? (측정 가능한 수준의 목표)

고려사항
· 각 목표에 대한 이유(Why)를 확인
· 그들이 달성하고자 하는 사항에 대해깊은 Insight를 얻고자 노력

(1) Facts

우선 Fact는 Target Customer에 대한 Factual Information에 대한 내용을 작성합니다. 세부적으로는 Demographics (인구통계적 요인), Geography (지리적 요인), Psychographics (소비라이프스타일) 등의 내용이 포함됩니다. 인구통계적 요인에는 이름, 직업, 나이, 성별, 가족 수, 소득 등이 포함되고 지리적 요인에는 거주지, 거주지의 특성 (기후, 대중교통 인접지, 도시, 시골 등)의 내용이 검토됩니다. 그리고 마지막으로 소비라이프스타일은 개성, 취향, 가치관, 제품이용 패턴 등의 내용이 작성됩니다. 예를 들면 김민지(이름), 36세(나이), 여성(성별), 회계사(직업), 7세(여)/10세(남) 남매 양육, 2003년 준공 아파트 8층 전세 거주, 학부모 정기 교류회 참석 등과 같은 내용들이 들어갈 수 있겠죠?

(2) Goals

Fact에서 작성한 고객의 Goal을 작성합니다. 이 때 주의할 사항은 '고객이 달성하고자 하는 목표를 측정 가능한 수준의 목표로 작성'하는 것입니다. 어떻게 측정 가능한 수준으로 표현해야 하는지, 다음 예시를 통해 좀 더 구체적으로 살펴보겠습니다.

"나는 갈등 없이 살고 싶다"와 같은 수준의 목표 기술은 그다지 좋지 않은 목표 설정이라고 볼 수 있습니다 Why & How? 라는 질문을 통해 조금씩 더 구체화 해보겠습니다.

How? 나는 이웃집과 갈등 없이 살고 싶다.

-> 처음 보다는 조금 나아진 듯합니다. 그러나 여전히 부족합니다.

How? 나는 아래 집과 층간소음 갈등 없이 살고 싶다.

-> 훨씬 더 좋아진 느낌이죠? 좀 더 구체화 해보겠습니다.

How? 나의 집에서 당당하게 생활할 권리를 지키면서 아래 집과 층간소음 갈등 없이 살고 싶다.

-> 이런 식으로 고객이 추구하는 목표의 구체화된 내용을 파고 들어 갈수록 고객이 달성하고자 하는 목표를 명확하게 만들 수 있습니다.

그럼 이 목표를 고객이 달성했는지 여부를 어떻게 *Measure*할 수 있을까요?

'Measure of success: 아래 집의 층간 소음 항의 횟수 1년간 0회'와 같은 방식으로 고객의 목표 달성 여부에 대한 구체적 측정 수치를 도출할 수 있겠죠?

(3) Pains

(2)번 Goal에 작성된 내용을 달성하는데 있어서 고객이 느끼는 Pain Points 를 작성합니다.

가급적 One Goal-One Pain으로 Goal과 Pain을 1:1로 매칭되는 형태로 작

성하시기를 추천합니다. 예를 들어 볼까요?

Goal: "집에서 당당하게 생활할 권리를 지키면서 이웃집과 갈등 없이 살고 싶다"

Pain: "아래 집에서 느끼는 소음이 우리 집에서 발생한 것인지 다른 곳에서 발생한 것인지 알 수가 없다"와 같은 형태로 Goal과 Pain이 1:1로 매칭되는 형태입니다.

Pain Point 작성 시 2가지 정도를 유념해주시기 바랍니다.
 1) 시간, 장소 등 Pain Point가 발생하는 맥락을 검토해주세요.
 2) Pain Point의 시급성과 강도를 검토해주세요.
예시를 참고해보겠습니다.

> *Pain: "아래 집에서 느끼는 소음이 우리 집에서 발생한 것인지 다른 곳에서 발생한 것인지 알 수가 없다." (When: 아이 친구 엄마들과 만나 집을 비울 때 강도: 크다 시급성: 크다) 와 같은 방식으로 표현될 수 있습니다. (강도와 시급성은 Yes/No로 구분해도 되고, 크다/작다 등으로 구분해도 됩니다.)*

(4) **Behavior**

Behavior에는 Pain Point를 해결하기 위해 고객이 현재 하고 있는 행동을 적습니다. Pain Point를 해결하기 위해 "어떤 행동을 하고 있다"는 부분이 독자들 입장에서 바로 이해하기 어려울 수 있습니다. 뒤에서 더 언급하겠지만, Working Backward에서 Persona로 작성하는 고객은 Early Adopter의 성향을 갖는 고객입니다. Early Adopter는 어떤 Pain Point에 대해 그 누구보다 격하게 공감하며 문제를 인식하고 있기 때문에, 어떻게든 그 문제를 해결해보려고 시도하고 있는 사람입니다. 만약, 독자 여러분께서 Persona를 Early Adopter로 선정하여 작성하셨다면 현재 고객이 Pain Point를 해결하기 위해 하고 있는 신박한(?) 행동들을 Data로 넣는 것에 어려움이 없을 것입니다. 그리고 Pain Point 작성을 One Goal-One Pain으로 매칭하며 작성했듯이 Behavior 역시 One Pain-One Behavior로 작성하면 됩니다. 즉, 잘 작성된 Persona라면 그 Persona 속에는 자연스러운 고객의 이야기(Story)가 녹아 흐른다는 것을 눈치챘을 것입니다. 독자 여러분들이 상상하기 쉽도록, Persona 속에 자연스러운 고객의 이야기가 녹아든 실제 한 사례를 적어보겠습니다.

"아이 둘을 키우고 있는 36살 김민지씨는 집에서 당당하게 생활할 권리를 지키면서 이웃집과 갈등 없이 살고 싶습니다. 김민지씨는 아이 친구 엄마들과 만나 집을 비울 때 아래 집에서 항의하는 층간소음이 우리집에서 발생한 것인지 알 수가 없어 층간소음 항의가 올 때 시간과 장소를 확인하여 메모하고, 아이와 매일 밤 본인이 뛰었던 시간대를 메모장에 기록하고 있습니다."

이런 식으로 Persona의 각 Data가 One Goal - One Pain-One Behavior로 잘 연결되어 있다면 흐름이 있는 이야기로 구성할 수 있습니다.

혹자는 이런 질문도 할 수 있습니다. "꼭 one goal – one pain, one pain – one behavior로 일치해야 하나요? 1대 N으로 매칭할 수 없나요?

결론부터 말하자면, 이 질문의 답은 'YES'입니다. 하지만 너무 많은 N이 나오는 경우엔 앞의 1에 해당하는 항목이 상위 단계의 추상적인 내용일 수 있습니다. 예를 들면 '고객은 행복하고 싶어한다'라는 goal에 대응하는 pain은 '건강이 안 좋다', '돈이 부족하다', '인간관계가 나쁘다' 등 다양하게 얘기할 수 있습니다. 그리고 처음부터 1대 N으로 정리하면 경우의 수가 셀 수 없이 많아지기 때문에 우리 주변의 고객 한 사람을 형상화하기 어렵습니다. 그래서 one goal을 가장 방해하는 one pain을 찾고, one pain을 해결하기 위해 하고 있는 대표 One Behavior를 찾습니다. 만약 이 과정에서 Persona가 고객을 대표하지 않는다면, 처음부터 다시 Iteration을 수행합니다.

실전 Tips (1)
Persona 작성 관련 FAQ

"B2B나 지원 직군은 고객을 어떻게 설정해야 하나요?" 강의나 Workshop 을 진행할 때 Persona 개념을 설명하고 나면 B2B사업이나 지원 직군 등에 종사하는 참가자들은 "고객을 어떻게 설정해야 하나요?"라는 질문을 많이 합니다. 제 생각건대 이런 질문을 하는 이유는 Persona와 같은 Tool은 B2C에서는 매우 일반적이고 범용적인 도구임에 반해 B2B사업이나 지원 직군에서는 이를 사용하는 경우가 흔하지 않아 그런 것 같습니다.

지원 직군은 답이 간단합니다. 바로 내부 직원들을 고객으로 생각하면 됩니다. 예를 들어 교육팀이라면 교육을 받는 직원 분들의 편의, 만족도 등을 고려하는 것입니다. B2B는 조금 더 설명할 것이 있습니다. 특히 아래 그림과 같이 B2B기업(특히 B2B2B2C)와 같은 구조를 갖는 기업에서 어떻게 이 Persona를 작성해야 하는지에 대해 공유하려 합니다.

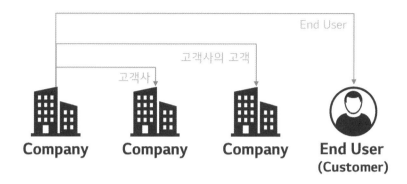

우선 B2B에서 Persona 작성과 관련된 안타까운 얘기를 먼저 드리면 B2B 는 B2C보다 훨씬 더 큰 농업적 근면성이 요구된다는 것입니다. 그 이유는 B2B는 Persona를 고객사, 고객사의 고객, End User 모든 영역에 대해 검 토하고 작성할 필요가 있기 때문입니다. 이럴 수밖에 없는 이유는 우리는 아직 중요한 고객과 가치 있는 문제가 '고객사'에 있는지 '고객사의 고객' 에 있는지 'End User'에 있는지 알 수 없기 때문입니다.

B2B사업이나 지원 직군 등에 종사하는 참가자들이 관련 영역을 폭넓게 검토해야 한다는 것까지 동의가 되면, 다음으로 많이 하는 질문이 "여러 장의 Persona를 갖고 Working Backward 방법론을 어떻게 적용하는 것인 지?"에 대한 부분입니다. 이 질문의 답은 "여러 장의 Persona를 동시에 활 용하지는 않는다"는 것입니다. Persona 구성 항목과 작성 방식에 대해 언 급한 내용 중 Pain Point는 그 시급성과 강도를 함께 검토했던 것을 기억 하실 것입니다. 즉 여러 장의 Persona 중 Pain Point가 가장 크게 와 닿는

것을 하나 선택하여 가볍게 출발하면 됩니다.

지금 이 글을 읽으면서 '만약 고객사를 Persona로 두고 출발했는데 End User 관련된 내용이 우리 비즈니스 측면에서 더 중요하면 어떻게 하지' 하고 걱정을 하시는 경우도 있을 수 있습니다.

하지만 걱정하지 않아도 됩니다. Working Backward는 linear Approach(선형적 접근)을 하는 것이 아니라 빠르게 전개했다가 시장에서의 검증을 통해 다시 돌아오는 Iteration Approach이기 때문에, 우리 팀이 최초에 선정한 Persona 영역 안에서만 진도가 머무르지 않습니다. 실전 팀을 대상으로 한 Acceleration 프로그램 진행 경험을 돌이켜보면, 팀원들은 대부분 20장~30장의 Persona를 수정 및 보완하며 작성하였고, 그 과정에서 다양한 영역을 폭넓게 검토했습니다.

실전 Tips (2)
Persona 작성 관련 FAQ 360도 Approach VS. Segmentation Approac

-

패널 구동에 들어가는 칩을 설계하는 B2B 부품회사가 있습니다. 해당 팀의 고객사는 패널을 만드는 곳이고, 고객사의 고객은 그 패널을 활용하여 모니터나 TV 등의 완제품을 생산하는 회사일 것입니다. 그리고 End User 는 시중에서 모니터나 TV를 구매하는 일반 소비자들이겠죠. 프로젝트 팀은 여러 검토를 거쳐 본인들의 칩을 구매하여 패널을 만드는 '고객사'를 페르소나로 선정하기로 합니다.

이제 Persona 상에 패널을 만드는 '고객사'라는 법인이 갖는 특성 중 의미 있는 Data를 Fact/Goal/Pain/Behavior로 작성하면 될까요? 그렇게 하시면 더 이상 붙잡을 수 없는 나락으로 가는 것입니다.

Working Backward에서는 특정인 한 명을 고객으로 선정하여 Persona를 작성해야 합니다. 겉으로 표현되는 한 사람으로 원하는 집단의 속성을 모두 우겨서 넣는 것이 아니라 정말 현실 세계에 있을 법한, 내가 만났을 법한 Early Adopter 성향의 한 사람을 선정하여 Persona를 작성하셔야 합니다.

위의 Case를 빗대어서 좀 더 살펴보면 패널을 만드는 '고객사'에 대한 Persona가 아니라 패널을 만드는 회사의 구매 담당 임원 홍길동 전무 또는 해당 회사의 선행 상품기획자 홍길순 연구위원 등과 같이, 검토하는 영역에서 아주 중요하다고 판단되는 가상의 한 사람을 선정하는 방식입니다. 이제 본격적으로 약간의 불편함과 함께 마음 속에 질문이 떠오르실 것입니다. **"왜? 왜 한 사람을 선정해서 진행해야 하는 것이지?"** 이 질문은 제가 가장 많이 받는 단골 질문입니다. 만약 저의 예상대로 한 명의 고객을 통해 접근하는 방식에 대해 불편함을 느끼셨다면 그 이유는 고객을 바라보는 관점의 차이에서 비롯됩니다. 더 구체적으로 얘기하면, 360도 Approach와 Segmentation Approach 간의 충돌이 일어나는 것입니다.

이 부분을 해소하기 위해 고객을 바라보는 2개의 관점(360도 VS. Segmentation)이 갖는 각각의 장, 단점이 무엇인지 먼저 살펴보겠습니다.

한 명의 고객을 통해 360도 어프로치를 할 때의 장점은 고객을 깊이 있게 바라볼 수 있다는 것입니다. 구체적으로 고객에 대한 배경 및 행동 맥락을 파악하고 고객을 다면적으로 봐야 하는 측면에서 Segmentation Approach

대비해서 용이합니다. 대신 그 한 사람의 고객이 대표성을 갖는지, 그 한 사람으로 기업에서 검토할 만한 규모 즉, Market Size가 충분히 나오느냐에 대한 부분이 단점으로 지적될 수 있습니다.

Segmentation Approach는 위와 반대 입장의 내용입니다. 대표성을 가질 수 있고, 일정 수준 이상의 규모를 담보할 수 있다는 장점이 있는 반면 깊이 있게 고객을 검토해야 할 때는 상대적으로 부족함이 있을 수 있습니다. 아이와 TV라는 키워드를 통해 예를 들어보겠습니다. 저는 하나의 Segmentation으로 분류될 수 있는 30대후반의 두 동료에게 점심 시간에 산책을 하며 '아이'와 'TV' 라는 두 가지 키워드를 주고 평소 갖고 있는 고민(Pain)에 대해 질문을 한 적이 있었습니다. 한 동료의 답변은 평소 아이의 TV 시청 시간이 너무 많아 시력 손상이나 전자파 노출이 걱정된다는 답변을 주었고 나머지 한 동료는 요즘같이 미디어가 활성화된 시대에 TV를 오래 시청하는 것은 크게 문제가 되지 않는데 폭력적이고 선정적인 유해한 컨텐츠가 아이에게 정서적으로 안 좋은 영향을 미칠까 봐 걱정된다는 답변을 주었습니다. 모수가 너무 적기는 하지만 제가 임의로 두 사람을 하나의 집단으로 묶어 문제를 정의해보겠습니다.

문제정의

한국 회사에 다니는 30대 후반의 아이를 키우는 아빠(부모)는 TV 시청과 관련하여 아이의 건강과 관련한 고민(문제)를 갖고 있다.

이렇게 일반화하여 문제를 정의한다고 해서 아주 잘못되었다고 얘기하기는 어려울 것입니다. 두 답변자의 답변 모두 위 문제 정의에 해당되기 때문입니다. 하지만, 가만히 곱씹어 보면 한 동료의 답변은 신체적 건강과 관련한 문제이고 나머지 한 동료의 답변은 정서적 건강과 관련한 문제임을 알 수 있습니다. 그래서 신체적 건강과 관련한 문제를 토로한 동료에게는 전자파 노출 최소화, 시력 보호 장치 등과 같은 솔루션이 제공되어야 할 것이고, 정서적 건강과 관련한 문제를 토로한 동료에게는 컨텐츠 선별과 같은 솔루션이 제공되어야 하는 등 완전히 다른 형태로 접근이 되어야 할 문제임을 직관적으로 알 수 있습니다.

이처럼 Segmentation Approach는 집단이 갖고 있는 공통적 내용이나 Issue를 일반화 해나가는 경향성이 강해 우리가 정말 가치 있게 풀어야 할 문제를 더 구체적이고 명확하게 정의하는 측면에서는 상대적으로 부족함이 있는 경우가 많습니다.

그럼 우리는 Segmentation Approach는 지양하고 한 명의 고객을 통한 360도 어프로치만을 활용해야 할까요? 한 명의 고객을 통한 360도 Approach도 따져보면 한계들이 있을 것인데 말이죠. 그래서 반드시 Segmentation Approach가 부족하다는 의미로 오해하는 것은 금물입니다. 집단에서 나타나는 내용들을 일정한 패턴이나 기준 단위로 일반화 하다보니 상대적으로 고객을 깊게 들여다보는 데 어려움이 조금 있다는 정도로 생각하면 됩니다. 이 점을 고려해 본 방법론에서는 '한 명의 고객을 통한 360도 Approach'와 'Segmentation Approach' 두 가지 방식 모두를 활용할 것입니다. 이 부분은 다음 Tips에서 하나씩 살펴보겠습니다.

실전 Tips (3)
Innovation Pipeline을 통해
살펴보는 고객 Approach

•

지금부터 360도 Approach의 장점을 살리면서 이 Approach가 갖는 단점을 Segmentation Approach로 어떻게 상호 보완할 것인지를 Innovation Pipeline을 통해 살펴보도록 하겠습니다.

아래 그림에서 보는 바와 같이 하나의 새로운 기회(주로 상품이나 서비스)가 생산되는 과정은 크게 3단계로 나누어 볼 수 있습니다. 첫 번째 단계는 Customer-Problem Fit으로 고객과 문제가 서로 Fit한지를 보는 단계이고, 그렇게 찾아낸 문제와 제공하는 솔루션이 Fit한지 보는 것이 두 번째 단계, 제공하는 솔루션이 진입하고자 하는 시장과 Fit한지 보는 것이 세 번째 단계입니다.

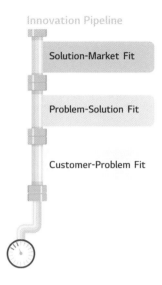

Innovation Pipeline

Solution-Market Fit

Problem-Solution Fit

Customer-Problem Fit

여기서 잠깐 우리가 Persona라는 Tool을 Working Backward에서 활용하는 이유를 다시 떠올려봅시다. Tool을 활용하는 이유는 (   )과 (   )을 정의하기 위함이었습니다. 괄호 안에 어떤 단어가 들어가야 할까요?
바로 고객과 문제입니다.

Working Backward에서 Persona는 '고객'과 '문제'를 정의하기 위한 도구였습니다. Innovation Pipeline으로 보면 Customer(고객)-Problem(문제) Fit 단계에 해당하겠죠. 앞서 고객에 대한 두 가지 Approach 중 고객의 문제를 더 명확하고 구체적으로 정의할 때는 고객을 깊이 있게 검토할 수 있는 360도 Approach가 상대적으로 더 효과적이라는 것을 확인했습니다. 그래서 고객과 문제를 정의하는 1단계에서는 한 명의 고객을 정의하는 360

도 Approach를 활용할 것입니다. (Working Backward에서 한 명의 고객을 Persona에 반영하는 이유이기도 하겠죠)

그럼 Segmentation Approach는 언제 활용할까요? Innovation Pipeline의 2단계 Problem - Solution Fit 단계에서 활용할 것입니다. 다만 이때의 Segmentation 기준은 전통적인 인구 통계학적 Segmentation이 아니라 360도 어프로치를 통해 찾아낸 '문제'를 중심으로 Segmentation을 할 것입니다.

이 부분에 대해 더 구체적인 사례를 공유하겠습니다. 다음 사례는 '20XX년 Amazon에 EBC 프로그램으로 방문하여 Amazon의 직원으로부터 들었던 이야기를 본 컨텐츠의 내용에 맞게 구성한 것입니다.

Amazon의 AI 스피커인 Alexa. Alexa가 제공하는 솔루션은 음성으로 명령을 하고 그 명령이 실행되도록 하는 AI 스피커입니다. 만약 독자

여러분께서 최초에 *Alexa*를 기획하는 서비스 기획자라고 상상한다면, 해당 프로젝트 팀에서는 고객의 어떤 *Pain Point*를 보고 이와 같은 솔루션을 구현했을까요?

최초에 *Alexa*를 기획할 때 프로젝트 팀에서 주목했던 고객은 주부였다고 합니다. 그리고 그 고객(주부)이 갖고 있는 *Pain Point*는 '물 묻은 손으로 설거지할 때 다른 일을 할 수가 없다'는 것이었습니다. 현재의 AI 스피커 Alexa를 생각해보면 대단한 고객 집단과 문제를 발견하여 접근했을 것 같은데 당시에 사례를 소개받으며, 생각보다 우리 주변에 있는 소소한 내용들인 것 같아 내심 놀랐던 기억이 있습니다.

다시 본론으로 돌아와 당시에 봤던 고객은 주부였는데 현재 Alexa를 매우 유용하게 활용하는 또 다른 집단이 있다고 합니다. 누가 상상이 되시나요? 바로 시각 장애인이었습니다. 주부에서 시각 장애인. 두 단어만 봐서는 잘 연결이 되지 않습니다. 이들이 갖고 있는 문제를 중심으로 생각해보도록 하겠습니다.

시각 장애인이 갖고 있는 문제를 보면 평소 Amazon.com으로 물건을 탐색하고 싸게 구매하려면 특수 장비가 설치된 PC까지 이동해서 검색해야 합니다. 손으로 편하게 검색하고 구매하는 것이 매우 어렵다는 것이 쉽게 상상이 될 것입니다. 그리고 가정 내에서 창문 블라인드를 내리거나 보일

러를 켜고 끄려면 직접 이동해서 손으로 더듬어가야만 했습니다. 대충 몇 가지만 말씀드렸는데요. 이미 우리는 시각 장애인이 갖고 있는 문제의 속성을 공감하고 있을 것입니다. 문제는 바로 '손으로 어떤 일을 하는데 어려움 있다'는 것이죠. 문제의 속성을 보면 앞서 언급한 주부들이 물 묻은 손으로 다른 일을 하지 못한다는 것과 유사하다는 것을 알 수 있습니다. 만약 전통적인 인구통계학적인 측면으로 Segmentation을 했다면 같은 집단으로 묶어 생각해볼 수 있었을까요? 그 답은 독자 여러분이 개인적으로 해보기를 추천합니다.

하나의 사례를 더 살펴보겠습니다. Amazon Locker 서비스입니다.

택배 보관함 같은 개념인데 이 서비스를 최초에 기획할 때 프로젝트 팀에서 봤던 고객은 미국의 노마드족*이었다고 합니다. (*노마드족 - 노마드(nomad)는 '유목민, 정착하지 않고 떠돌아다니는 사람'이란 의미로 정보기술의 발달로 등장한 21세기형 신인류를 뜻함) 미국은 땅 면적이 크다 보니 집 없이 캠핑카 하나 끌고 전국을 방랑하며 살아가는 사람들이 꽤 있다고 하는데요. 이 사람들의 Pain point는 Amazon.com에서 물건을 싸게 주문하여 배송을 받고 싶은데 본인들이 머무르는 동안 물건이 올지 안 올지 확신할 수 없는 것이었습니다.

그래서 미국 주요 지역 별로 Locker를 만들어 배송지가 명확하지 않은 사람들이 안정적으로 물건을 배송 받을 수 있게 하였는데요. 현재 이 서비스를 누구보다 잘 이용하는 의외의 집단이 있다고 합니다. 누구일까요? (시점은 COVID19 이전을 기준으로 생각하겠습니다) 바로 해외 출장자들입니다. 저도 포함이 됩니다. 보통 미국에 출장을 가게 되면 집에 있는 남편이나 부인, 또는 아이들이 현지에서 상대적으로 저렴하게 살 수 있는 물건 구매를 부탁하는 경우가 많죠. 그런데 막상 현지에 가면 업무 때문에 시간을 내기도 어렵고 호텔 방에 누워 검색을 해보니 온라인이 오프라인 보다 훨씬 싼 것을 확인하게 되기도 하는 등의 이유로 온라인으로 주문을 해야 하는 경우들이 있습니다. 그런데 이 때 출장자들의 가장 큰 Pain point는 무엇일까요? 내가 호텔에 머무는 동안 물건이 도착하지 않으면 어떻게 하지? 반품은? 환불은? 입니다.

물건을 안정적으로 배송 받을 주소지가 없다는 미국의 노마드 족과 동일한 속성의 문제를 갖고 있음을 알 수 있습니다. 저도 미국 출장 때 이 서비스를 이용해봤는데요 5개의 물건을 주문해서 3개는 출장기간 동안 호텔 인근의 Locker를 통해 수령을 했고, 2개는 귀국 후에나 물건이 Locker에 도착하게 되어 수령하지 못했습니다. 그런데 그 2개의 물건은 일정 기간 동안 찾아가지 않으니 자동으로 반품/환불까지 진행되는 (당시에는) 신세계를 경험하였습니다. 만약 전통적인 인구통계학적 관점으로 집단을 Segmentation한다면 미국의 노마드 족과 한국의 해외출장자가 하나의 집단으로 묶일 수 있었을까요? 아마 대부분의 독자 여러분도 공감할 것입니다.

조금 전 사례들을 떠올리며 다시 한번 Innovation Pipeline을 살펴보겠습니다.

Innovation Pipeline

Solution-Market Fit	시장을 타겟팅하여 솔루션을 제공하지만, 그 솔루션이 우리가 목표로 했던 시장에서만 가치를 갖는 것은 아니다.
Problem-Solution Fit	문제 해결을 위해 솔루션을 찾지만 그 솔루션이 우리가 찾은 문제만을 해결하는 것은 아니다.
Customer-Problem Fit	한 명을 통해 문제를 명확하게 정의하지만, 세상에 그 문제를 가진 사람이 그 한 사람만은 아니다.

이제는 Segmentation Approach와 360도 Approach를 각각 상호 보완적으로 모두 활용한다는 것이 어떤 의미인지 이해가 되었으리라 생각합니다. 그리고 Working Backward에서 한 사람의 Persona를 작성하여 시작하는 방식에 대한 불편함(?)도 조금은 없어졌을 거라고 생각됩니다. 그럼 이제는 조금 가벼운 마음으로 특정인 한 사람, 바로 그 한 사람은 누구로 선정해야 하는지에 대해서 살펴보도록 하겠습니다.

실전 Tips (4)
그 한 사람은 어떤 사람이어야 하나요 Early Adopter

·

Persona에 반영해야 하는 '그 고객은 어떤 사람이 되어야 하는지'에 대한 특징을 살펴보겠습니다. Working Backward에서 활용하는 Persona의 Behavior에는 고객이 Pain Point를 해결하기 위해 현재 시도하고 있는 행동을 적는다고 언급했습니다. 즉, Pain Point를 이미 인식 또는 공감하고 있고, 그 문제(Pain) 자체가 당사자에게는 너무나 시급하고 강도가 큰 문제이기 때문에, 문제를 방치하는 것이 아니라 어떻게든 해결하고자 노력하고 있는 사람을 염두하라는 의미겠죠.

이 특성을 가만히 살펴보면 Early Adopter의 특성과 정확하게 일치합니다. 우리는 일상 생활에서도 Early Adopter라는 용어를 매우 빈번하게 사용하고 있습니다. 보통 최신의/신기한 기기를 가장 먼저(또는 줄까지 서며) 구매하거나 전문 매체를 구독하는 등 특정 분야에 덕후와 같은 기질을 가졌거나, 전문성을 가진 사람들을 이야기할 때 쓰는 경우가 많습니다. 특히

이들은 제품이나 서비스의 특징, 성능 등을 꼼꼼하게 확인하고 피드백을 하기 때문에 Persona에 반영해야 할 고객에 적합하다고 할 수 있습니다.

Early Adopter 선정

새로운 사업을 구상하거나 실무에 본 방법론을 적용해보고자 하는 독자 분들은 본인이 작성한 Persona가 Early Adopter로 제대로 선정됐는지 아닌지 여부를 판단할 수 있는 관점이 더욱 요구될 것입니다. 그래서 그런 분을 위해 Early Adopter 선정에 도움을 주는 관점 3가지를 소개하겠습니다.

1. *Early Adopter는 이미 그 문제에 대해 인식하고 공감하고 있다.*
2. *Early Adopter는 해당 문제해결을 위해 많은 시도를 하고 있고 나름의 솔루션을 갖고 있다.*
3. *해당 문제해결 Solution에 대한 구매 의사가 있다. 아니면 효과성을 떠나 관련 문제 해결에 금전적 지출을 하고 있다.*

이 3가지 관점에 대해 최소 2개 이상 'YES'로 답할 수 있다면 Early Adopter로 판단해도 좋은 수준일 것입니다. 그렇다면, Persona 상에 Early Adopter가 제대로 반영되었는지 여부를 위 3가지 관점을 기준으로 판단한다면 Persona의 4가지 항목(Fact, Goal, Pain, Behavior) 중 어느 항목을 먼저 살펴보는 것이 좋을까요? 바로 'Behavior'를 보시는 것을 추천합니다. 행동 단위이기 때문에 인지/아닌지를 가장 직관적으로 점검할 수 있기 때문인데요. 샘플을 통해 연습을 해보도록 하겠습니다. 아래 예시는 나만의 스마트폰 디자인을 갖고 싶다는 것과 관련된 내용입니다.

Behavior	Criteria	Criteria 충족 여부 (Yes or No)
여자 친구와 휴대폰 케이스 만들기 체험장을 한 달에 한 번씩 방문하여 이용하고 있음.	문제에 대한 공감/인식하고 있다고 보여지나요?	
	문제 해결을 위한 나름의 남다른 솔루션이 있는 것으로 보여지나요?	
	이 문제 해결을 위해 자원(돈, 시간, 노력)을 쓰고 있나요?	
해외출장을 가면 여가시간에 반드시 특이한 휴대폰 케이스 쇼핑을 하러 다님.	문제에 대한 공감/인식하고 있다고 보여지나요?	
	문제 해결을 위한 나름의 남다른 솔루션이 있는 것으로 보여지나요?	
	이 문제 해결을 위해 자원(돈, 시간, 노력)을 쓰고 있나요?	
휴대폰 하나에 최소 열 개의 케이스를 구매하여 2~3일 단위로 바꿔 끼고 있음.	문제에 대한 공감/인식하고 있다고 보여지나요?	
	문제 해결을 위한 나름의 남다른 솔루션이 있는 것으로 보여지나요?	
	이 문제 해결을 위해 자원(돈, 시간, 노력)을 쓰고 있나요?	

위의 예시를 WS이나 강의 때 보여드리고 참가자에게 3가지 Criteria를 활용하여 Early Adopter인지 여부를 판단하는 실습을 진행하면, 개개인의 경험과 가치관, 판단하는 분들의 세대(Generation)에 따라 달라지기는 하나 보통 20%~30% 정도의 참가자들은 Early Adopter가 아니라고 (Majority, Laggard 또는 아무 의미 없는 그룹) 판단하고 70%~80%의 참가자 분들이 Early Adopter로 판단하는 경우가 많았습니다. 만약 Persona로 선정한 사람이 Early Adopter로 판단되지 않으면 다시 Behavior를 수정하여 3개의 Criteria를 적용하는 논의를 하면 됩니다.

이와 같이 Working Backward를 출발할 때 Persona 상에서 우리 팀이 선정한 고객이 Early Adopter인지 여부를 팀 자체적으로 점검하는 데 위의 3가지 Criteria를 활용하길 추천합니다.

물론, Early Adopter를 잘 찾는 것이 (매우) 힘들지만 Criteria를 통해 프로젝트 팀에서 생각하고 있는 영역의 Early Adopter를 잘 찾아낸다면, Working Backward의 적용을 가속할 수 있을 것입니다.

실전 Tips (5)
Persona 잘 작성하기

•

앞서 살펴본 본문 내용과 Tips를 종합적으로 적용하며, Persona를 잘 작성하기 위한 방법을 살펴보겠습니다.

Fact	Pain
1. 김민지, 36세, 여성,	1. 소음의 수준과 소음 발생 시간 및 장소를 정확하게 알 수 없다.
2. 회계사	(When: 아이 친구 엄마들과 만나 집을 비울 때 강도: 큼, 시급성: 큼)
3. 7세(여), 10세(남) 남매 양육	
4. 2003년 준공 아파트 8층 전세 거주	2. 아래 집에서 느끼는 소음이 우리 집으로 인한 것인지 다른 곳에서 발생한 것인지 알 수가 없다.
5. 학부모 정기 교류회 자주 참석	(When: 층간소음 항의 전화를 받을 때 강도: 큼 시급성: 큼)
6. 최근 노부부가 아래 집으로 이사를 와 교류가 적음.	

Behavior	Goal
1. 층간 소음 항의가 올 때의 시간과 장소를 확인하여 메모한다.	1. 나의 집에서 법적으로 허용하는 수준만큼은 소음에 대한 걱정 없이 지내고 싶다.
	* Measure of Success
	- 06시 ~ 22시: 57DB 이하 유지
2. 아이와 매일 밤 본인이 집 안에서 뛰었던 시간대와 장소를 메모장에 기록하고 있다.	- 22시 ~ 06시: 52DB 이하 유지
	2. 아래 집과 층간 소음 갈등 없이 살고 싶다.
	* Measure of Success
	- 아래 집의 층간 소음 항의 횟수 1년간 0회

위 샘플은 제가 WS을 진행할 때 한 팀에서 작성한 내용을 일부 각색한 내용인데요. 항목 별로 하나하나 살펴보며 Persona를 효과적으로 작성하기 위한 Tips을 설명하겠습니다.

(1) Fact

Fact에서 가장 먼저 고려할 것은 'Fact를 Factual Information으로 표현하기'입니다. Factual Information이냐 아니냐를 판단할 수 있는 Tip은 해석의 여지 없이 프로젝트 팀이 동일한 눈높이로 Data를 인식하도록 하는 것입니다. '해석의 여지가 없도록 Data를 표현한다'는 명제를 두고 하나하나 살펴보겠습니다.

김민지, 36세, 여성

회계사

7세(여), 10세(남) 남매 양육

2003년 준공 아파트 8층 전세 거주

학부모 정기 교류회 자주 참석

최근 노부부가 아래 집으로 이사를 와 교류가 적음

이 중 Factual Information으로 수정 보완이 되면 좋을 것 같은 내용을 독자 분들도 찾아보시죠.

눈치 빠른 독자분들은 바로 '학부모 정기 교류회 자주 참석/최근 아래 집으로 이사를 와 교류가 적음' 이 2가지를 선택했을 것입니다. 2가지 중 하나를 같이 살펴보겠습니다.

'정기 교류회를 자주 참석한다'에서 '자주'에 대한 개념이 저마다 다르겠죠? 누군가는 일주일에 한 번이 자주이고 누군가에겐 한 달에 한 번이 자주가 되기도 합니다. 이는 개인의 판단 기준에 따라 같은 Data라도 해석의 수준이 완전히 달라집니다. 어떤 형태로 바꿔보면 좋을까요? '학부모 정기 교류회 월 평균 2~3회 참석'과 같이 표현한다면 해석의 여지가 최소화되고 프로젝트 팀원 모두가 같은 눈높이로 Factual Information을 해석할 수 있겠죠.

'최근 아래 집으로 이사를 와 교류가 적음'에 대해서는 직접 수정 해보시기 바랍니다. 힌트는 최근, 적음입니다.

(2) Goal

Acceleration을 진행할 때, 실전 팀들은 Goal을 측정 가능한 수준으로 내리면 Goal 수준이 너무 지엽적으로 보이고, 아주 본질적인 Goal로 작성하다 보면 "나는 행복하게 살고 싶다." "나만의 인테리어를 갖고 싶다"와 같이 매우 덤벙덤벙한 내용으로 나오는 것을 가장 힘들어 합니다. 아마 Persona 작성 연습을 하고 있는 분이라면 격하게 공감하실 것입니다. 이런 경우는 어떻게 하면 좋을까요?

결론 먼저 말하면, How와 Why를 아래와 위 양방향으로 전개하는 방법을 추천합니다. 예를 들어 나는 행복하게 살고 싶다는 것과 같이 상위 수준의 Goal을 작성한 팀은 행복하게 살기 위해 중요한 요건들은 무엇이 있는지 하위 항목을 적어보는 것입니다. 홍길동은 개인적으로 행복한 삶을 사는데 몇 가지 하위 항목이 있습니다. 경제적으로 월 500만원의 고정적인 수입이 있고, 아이와 보내는 시간이 평일에 3시간 이상이며, 유기견 관련 봉사 활동을 월 1회 정도하고, 가족 여행을 분기에 한 번 이상은 갔으면 하는 것입니다. 행복하게 사는 것에 대해 아래 방향(구체화되는 방향)으로 Why 또는 How를 던졌더니 구체화된 내용이 나오고 있죠. 그리고 각 내용(Goal)에 대해 Measure 값을 도출하기도 쉬워졌을 것입니다. 그 중 어떤 항목을 Goal로 선택해야 할지는 프로젝트 팀이 수행하는 과업과 연관성이 크면서 고객의 본질적 목표에 가장 주요하게 영향을 미친다고 판단되는 부분을 선택하면 될 것입니다.

반대로 "집안의 소음이 발생하는 시간과 장소를 모두 Data로 기록하고 싶다." 와 같이 매우 구체적인 내용으로 표현되어 있는 경우, 이 내용의 본질이 무엇인지에 대해 좀 더 상위 개념을 향해 Why 또는 핵심을 찾는 질문을 던져봐야 합니다. 왜 그렇게 하고 싶을까? 도대체 무엇을 원해서 그럴까? 등의 질문을 통해 "고객은 본인 집에서 법적으로 허용하는 수준만큼은 소음에 대한 걱정 없이 지내고 싶어서 그렇구나". 그것에서 더 나아가 왜 그런 걱정을 할까 고민해봤더니 "고객은 아래 집과 층간 소음 갈등 없이 살고 싶어서 그러는 것이구나"와 같이 고객이 정말로 갈망하는 것을 정의할 수 있습니다.

이 경우 "집안의 소음이 발생하는 시간과 장소를 모두 Data로 기록하고 싶다"와 같이 아주 구체화되어 있으나 고객이 본질적으로 열망하는 것이 드러나지 않는 내용은 상위 목표의 Measure of Success의 형태로 변형되어 들어가게 되는 경우가 많겠죠. 아래 내용이 그 예시라 할 수 있겠습니다.

나의 집에서 법적으로 허용하는 수준만큼은 소음에 대한 걱정 없이 지내고 싶다.
 * Measure of Success
  - 06시 ~ 22시: 57DB 이하 유지
  - 22시 ~ 06시: 52DB 이하 유지

(3) Pain

앞서 설명했듯이 Pain은 Goal과 1:1 매칭이 되는 점을 고려하여 각 Pain이 발생하는 맥락, Pain의 시급성과 강도를 메모하는 것이 Persona상에서의 작성 Tip입니다. Pain이 발생하는 맥락으로 때(When)나 위치(Where)를 주로 보는데, 그 이유는 같은 Pain이어도 시간과 장소에 따라 그 수준이 천차만별로 달라지기 때문입니다.
위의 Persona를 예로 살펴보겠습니다.

Pain: 소음의 수준과 소음 발생 시간 및 장소를 정확하게 알 수 없다.

언제 그런 것인지를 보니 아이 친구 엄마들과 만나 집을 비울 때입니다. 만약 주말 아침으로 시간이 바뀐다면 김민지씨는 집에 있었고 실제 본인 집에서 소음을 어느 정도로 어디에서 냈는지를 상대적으로 인지하기가 쉽겠죠. 그런 경우 Pain Point의 강도는 크지 않을 것입니다.

항의하는 아래 집에 '우리 가족은 모두 자고 있었다. 다른 집의 소음이었다'고 반대로 큰 소리를 칠 수 있게 되었을지도 모릅니다.

이처럼 고객의 Pain 발생에 대한 맥락이 어떻게 구성되냐에 따라 시급성과 강도가 달라지기 때문에 Working Backward에서는 때(When)나 장소(Where)를 함께 기입해야 합니다.

그러나 이 Persona로 '고객 Pain이 발생하는 맥락을 충분히 검토했는지'는 냉정하게 살펴볼 필요가 있습니다. 그래서 위의 Pain Point를 좀 더 깊게 살펴보기 위해서는 Contextual Inquiry를 보완적으로 활용하는 것을 추천합니다. 보통 고객의 맥락을 살펴봐야 할 경우, 상품기획이나 디자인리서치 방법론에서 Contextual Inquiry를 많이 활용하는데 이 방법은 누가/언제/어디에서/무엇을/어떻게/왜 등 6하 원칙에 따라 맥락을 폭넓게 통합적으로 조사하는 기법입니다. 이 부분에 대해선 5장 Deep dive into pain point에서 자세하게 설명하겠습니다.

(4) Behavior는 Early Adopter를 Persona상에 잘 반영하는 것 자체가 Tips인데요. 이 부분은 Persona 작성 관련 FAQ에서 충분히 반복적으로 기술

했던 부분이기 때문에 이 장에서는 생략하겠습니다.

실전 Tips (6)
고객에 대한 깊은 고민과 공감을 통한 Persona 작성

•

Workshop이나 교육을 통해 많은 에피소드와 시사점이 있었지만, 이 장에서는 Persona 작성의 어려움과 중요성을 중심으로 사례를 소개하고자 합니다. 보통 하루나 이틀 동안 Working Backward Process를 1Cycle 진행하는 편인데, 한 번은 실전 Acceleration팀과 Persona 하나를 두고 하루를 쓴 적이 있었습니다. 그 만큼 이 팀은 고객에 대해 그 어떤 팀보다 깊게 고민하고 공감하는 과정을 거쳤는데요.

위에서 말한 프로젝트 팀은 기후 변화에 아주 강하고 변색이 되지 않는 신소재를 개발했고, 이 소재를 적용할 새로운 시장을 찾는 과업을 가진 팀이었습니다. 해당 팀에서 처음 작성한 Persona는 영업직군에 신입으로 입사하여 10년 이상의 경력을 갖고 있는 시트압출업체 영업 담당자였습니다. 그리고 위와 같이 Persona를 정의한 이유는 다음과 같습니다.

① 시트압출업체 영업 담당

-> 고객의 Complain에 가장 잘 노출되고 이해하고 있는 것을 드러내기 위해

② 신입 사원 영업 직군 입사

-> 제품 주기 상, 본인이 영업하여 판매한 제품의 고객 Complain을 직접 받아 기존 소재의 내구성에 대해 Pain이 있는 것을 드러내기 위해

③ 경력 10년 이상

-> 제품 주기 상 5년 정도 후 품질 이슈가 발생하므로 2번 정도의 Cycle(고객 Complain)을 경험한 것을 나타내기 위해

위와 같은 Factual Information을 가진 고객의 Goal은

a> 육안으로 변색이 적은 고내후성 소재를 적용하고 싶다.

b> 시인성을 유지하는 고내후성 소재를 적용하고 싶다.

이렇게 두 개 항목을 작성한 후 팀에서의 논의가 시작되었습니다.

팀원 A: 과연 작은 기업의 시트압출업체 영업담당이 高 내후성 소재를 적용하고 싶은 본질적인 이유는 무엇일까? 영업담당은 매출을 늘리는 것이 제 1의 KPI일텐데요

팀원 B: 일정 기간이 지나고 나서 변색되거나 시인성이 안 좋아질 때 새 제품으로의 교체를 유도하며 추가영업을 해 매출을 늘리는 것이 영업담당의 더 중요한 목표가 아닐까요?

팀원 C: 품질 좋은 제품을 설치하여 시장에서의 신뢰를 바탕으로 지속적으로 성장하는 것이 영업담당의 가장 중요한 목표일까요? 매년 눈에 보이는 매출 증대를 보이는 것이 목표일까요?

팀원 개개인이 Persona상의 영업 담당, 즉 고객 입장이 되어 위와 같은 논의가 이루어졌고, Persona 상에서 Pivoting을 하게 됩니다. 결과적으로 "고내후성 소재를 적용하여 회사의 본질적인 경쟁력을 확대(매출 증대, 시장 수성 등) 하는 것은 대표이사의 Goal일 확률이 높고, 대표이사가 더 나은 소재를 알아보도록 지시한다면, 즉 우리가 개발한 신소재에 대한 숨은 니즈가 있는 회사라면, 그것은 영업담당 쪽 보다는 연구소장이나 기술담당과 같은 R&D 직군의 책임자에게 Assignment를 할 확률이 높다"는 것으로 의견이 수정되었습니다.

이를 통해 수정된 Fact는 고분자공학을 전공한, 영업직군에서 연구소장으로 이동 발령이 난 연구소장이었습니다.

① 연구소장

-> 신소재를 탐색하고 적용하는 것에 대해 니즈가 있고 의사결정권이
   있는 것을 반영하기 위해

② 영업직군에서 연구소장 이동 발령

-> 기존 소재의 품질 문제로 고객의 *Complain*이 발생함을 깊이 있게
   이해/인지하고 있는 것을 반영하기 위해

③ 고분자 공학 전공

-> 프로젝트 팀의 신소재에 대해 이해도가 있는 것을 반영하기 위해

이런 형태로 Factual Information 전체 내용이 변경되었습니다. 제가
Facilitation 활동을 수행하며 아주 인상 깊게 봤던 팀인데요. 독자 여러
분들도 위 사례를 통해 고객 입장에서 깊게 고민하고 논의하는 과정에서
Persona의 Data 하나하나가 상호 연동되어 변경되는 것을 이해하는데 도
움이 됐으면 합니다. 또한 고객 입장에서 깊게 고민하고 공감하는 것의 얼
마나 중요한지 잘 인지하면 좋겠습니다.

3장
Customer Hypotheses
·

3장
customer hypotheses

·

Persona의 4가지 항목인 Fact, Goal, Pain, Behavior를 작성하는 과업까지 진행이 되었다면 이제 이 도구를 활용했던 목적을 달성할 때입니다. Persona 도구 활용의 목적은 'Customer'와 'Problem'을 정의하기 위함이었죠. Persona의 4분면을 잘 살펴보면 좌측은 Customer 우측은 Problem에 대해 설명한 것입니다. 이중 Customer Hypotheses를 도출하는 과정에 대해 말씀드리겠습니다.

Customer Hypotheses 도출 요소

🔍 Facts

▶ Target Customer에 대한 factual Information

고려사항	• Demographics (인구통계적 요인) • Geography (지리적 요인) • Psychographics (소비라이프스타일)

🧍 Behavior

▶ 고객이 Pain Point를 극복하고 목표를 달성하기 위해 현재하고 있는 행동

고려사항	• 이 행동이 그들의 Pain Point 해결에얼마나 효과적인가?

☹ Pains

▶ 목표를 달성하는 데 있어서의Pain Point

고려사항	• 각 Pain에 대해 시급성과 강도를 메모 • 각 Pain을 경험하고 있는 고객의 맥락을 확인 (6하 원칙: 5W 1H)

🎯 Goals

▶ 고객은 구체적으로 무엇을 달성하고자 하는가?
(측정 가능한 수준의 목표)

고려사항	• 각 목표에 대한 이유(Why)를 확인 • 그들이 달성하고자 하는 사항에 대해깊은 Insight를 얻고자 노력

Customer Hypotheses를 추출하기 위해서는 Persona 중 'Fact + behavior' 즉, '이러이러한 Factual Information을 가진 고객은 이러이러한 행동을 하고 있다"는 것으로 세부항목(Data) 간의 조합을 통해 정리할 수 있습니다.

Facts – 김민지

1. 36세, 여성, 회계사

2. 7세(여), 10세(남) 남매 양육

3. 2003년 준공 아파트 8층 전세 거주

4. 학부모 정기 교류회 자주 참석

5. 최근 아래 집에서 이사를 와 교류가 적음

6. 신생아를 키우는 부부가 바로 아래층으로 이사옴

Behavior

1. 층간소음 항의가 올 때의 시간과 장소를 확인하여 메모한다.

2. 아이와 매일 밤 본인이 집 안에서 뛰었던 시간대와 장소를 메모장에 기록하고 있다.

앞서 살펴봤던 예시를 활용해 살펴볼까요?

(1) 36세의 김민지씨는 층간소음 항의가 올 때의 시간과 장소를 확인하여 메모하고 있다.

(2) 학부모 정기 교류회에 참석하는 2003년 준공 아파트 전세거주자 김

민지씨는 층간소음 항의가 올 때의 시간과 장소를 확인하여 메모하고 있다.

(3) 7세, 10세 남매를 양육중인 회계사 김민지씨는 아이와 매일 밤 본인이 집 안에서 뛰었던 시간대와 장소를 메모장에 기록하고 있다.

이런 식으로 Customer Hypotheses를 도출해볼 수 있습니다. Fact 쪽에 Data Point가 6개, Behavior쪽에 Data Point가 2개가 존재한다면 산술적으로 12개(6X2)의 Hypotheses를 뽑아볼 수 있을 것입니다. 초기 단계에는 유의미해 보이는 Data의 조합만으로 구성하는 것을 지양하고 비효율적으로 보일지라도 의도적으로 모든 Data들을 상호 조합해서 최대한 폭 넓게 Customer Hypotheses를 뽑는 방식을 추천합니다. 왜냐하면 정말 중요한 고객이 누가 될 것인지 우리는 아직 모르기 때문입니다.

4장

Problem Hypotheses

·

4장

Developing Problem hypotheses

•

이번에는 Problem Hypotheses의 도출 과정을 살펴보겠습니다.

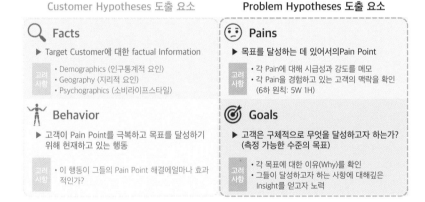

Customer Hypotheses 도출 요소	Problem Hypotheses 도출 요소

Q Facts

▶ Target Customer에 대한 factual Information

고려사항
- Demographics (인구통계적 요인)
- Geography (지리적 요인)
- Psychographics (소비라이프스타일)

☺ Pains

▶ 목표를 달성하는 데 있어서의Pain Point

고려사항
- 각 Pain에 대해 시급성과 강도를 메모
- 각 Pain을 경험하고 있는 고객의 맥락을 확인 (6하 원칙: 5W 1H)

Behavior

▶ 고객이 Pain Point를 극복하고 목표를 달성하기 위해 현재하고 있는 행동

고려사항
- 이 행동이 그들의 Pain Point 해결에얼마나 효과적인가?

◎ Goals

▶ 고객은 구체적으로 무엇을 달성하고자 하는가? (측정 가능한 수준의 목표)

고려사항
- 각 목표에 대한 이유(Why)를 확인
- 그들이 달성하고자 하는 사항에 대해깊은 Insight을 얻고자 노력

Persona의 4분면 중 좌측의 Fact+Behavior가 Customer Hypotheses를 도출하는데 활용됐다면, 우측(Goal - Pain)이 Problem Hypotheses의 도출 요소인 것을 금방 눈치챘을 것입니다. 일반적으로 Problem Solving에서 문제 정의는 As-is(현재의 상태)와 To-be(되고자 하는 상태) 간의 Gap이

라고 이야기합니다. 본 Persona에서도 이 논리가 완벽하게 적용됩니다. 고객의 As-is는 Persona 상의 Pain Point이고, 고객의 To-be는 Persona 상의 Goal일 것입니다. 이 차이를 문장으로 정의하면 They want to [goals] but [Pains] 와 같은 구조가 됩니다. 예시를 통해 한 번 만들어 볼까요?

Pains

1. 소음의 정도와 소음 발생 시간 및 장소를 정확하게 알 수 없다.
   (When: 아이 친구 엄마들과 만나 집을 비울 때 강도: 큼, 시급성: 큼)
2. 아래 집에서 느끼는 소음이 우리 집에서 발생한 것인지 다른 곳에서 발생한 것인지 알 수가 없다. (When: 층간소음 항의 전화를 받을 때 강도: 큼, 시급성 큼)

Goals

1. 나의 집에서 법적으로 허용하는 수준만큼은 소음에 대한 걱정 없이 지내고 싶다.
*Measure of Success
- 06시 ~ 22시: 57DB 이하 유지
- 22시 ~ 06시: 52DB 이하 유지
2. 아래 집과 층간소음 갈등 없이 살고 싶다.
*Measure of Success

- 아래 집의 층간 소음 항의 횟수 1년간 0회

(1) 내 집에서 법적으로 허용하는 수준만큼 소음에 대한 걱정 없이 지내고 싶지만, 소음의 정도와 소음 발생 시간 및 장소를 정확하게 알 수 없다.
(2) 아래 집과 층간소음 갈등 없이 살고 싶지만, 아래 집에서 느끼는 소음이 우리 집으로 인한 것인지 다른 곳에서 발생한 것인지 알 수 없다.

이런 식으로 가설적 Problem Hypotheses를 도출할 수 있습니다. 문장만 그대로 읽는 경우 앞의 문구와 뒤의 문구 간에 논리적으로 자연스럽게 이어지는 느낌이 들도록, 토론하면서 언급되었던 내용을 보완할 수도 있습니다. Problem Hypotheses는 앞서 Persona 작성에서 가이드 했던 One Goal – One Pain의 구조를 따르기 때문에, 단순 Data point 간의 조합을 모두 따질 필요가 없습니다. 그래서 보통 Customer Hypotheses보다 개수가 적습니다. 그러나 새로운 기회를 탐색하는 입장에서 One Goal - One Pain 이 완벽하게 짝지어진 것이라고 볼 수 없는 단계이므로, 의도적으로 다양한 조합을 고민하고 Problem Hypotheses를 도출하는 것을 추천합니다.

쉬어가기 · · ·

한국 기업에서 Design Thinking과 같은 방법론은
왜 잘 쓰이지 않을까?
·

저는 Innovation curator 교육 과정을 기획하며 Design Thinking, Lean Start up, Agile Development, Business Model 등을 통합적으로 살펴봤던 경험이 있습니다. 그 과정에서 각 방법론이 갖는 장점과 한계점에 대해, 각 분야 전문가분들을 만나 뵙고 이야기를 들을 기회를 많이 가질 수 있었는데요. 이 때 여러 가지 이야기를 나누었지만, 항상 빠지지 않고 논의했던 주제가 바로 '왜 한국 기업에선 Design Thinking과 같은 방법론이 잘 쓰이지 않을까?'였습니다. 그래서 이 주제에 대해 독자 여러분들께 감히 화두를 던져보고자 합니다.

먼저 제 개인적인 생각으론, Design Thinking과 같은 방법론들이 한국 기업 현장에 잘 적용되지 않는 이유는 첫 단계인 Empathize(공감)의 과정이 보는 관점에 따라 매우 불확실하고 비효율적으로 비춰지는데 있는 것 같습니다.

Innovation Methodology 관련 내용에 대해 강의하고 방법론들을 활용하여 Workshop을 운영하는 저는 사실 이 부분이 매우 중요하다는 생각합니다. 왜냐하면 이 단계가 기회 발굴의 중요한 시드(Seed)가 되기 때문이죠. 그러나 기업의 실전 프로젝트 팀, 특히 즉각적이고 눈에 보이는 성과를 빨리 빨리 만들어내야 하는 문화가 강한 조직이거나 사업부(BU단위)의 프로젝트 팀을 만나 대화를 해보면, 이런 방법을 적용하지 않는 이유로 '좋은 것 같지만 그렇게 하기에는 비효율적이다'고 말하는 것을 현장에서 자주 들었습니다. 왜 비효율적이라고 말할까요? 이 질문의 답을 정확히 알고 있지는 않지만, 저의 경험을 통해 느꼈던 것을 말씀드리겠습니다.

제가 최근 2년에 걸쳐 Design Thinking 방법론을 현업 프로젝트 팀의 과업에 적용하기 위해, IDEO와 공동으로 프로젝트를 진행하면서 Facilitator로 참여한 적이 있었는데요. 그들을 한국으로 초청하여 IDEO의 Project 사례를 들어보면 IDEO 직원이 6개월 간 트럭 운전사와 함께 생활하며 트럭 운전수의 삶에 대해 공감하고 이해하며 기회 요인을 찾았다는 식의 사례 소개가 빠지지 않았었습니다. 트럭운전수와 6개월 간 함께 동거동락한 이런 이야기가 '고객과 함께하기' 와 같은 류의 접근이겠죠.

사실 이러한 활동과 Approach는 매우 중요합니다. 의미도 있고요. 그런데 대다수 스타트업이나 특히, 한국 기업에서는 이런 방식으로 기회 요인을 찾는 방법, 투자등을 선호하지 않는 경우가 더 많은 것 같습니다. 일부 기업에서는 Ethnography의 일환으로 아프리카에 가서 6개월 간 Home Stay

를 하며 그들의 생활 상을 통합적으로 공감하고 이해하는 활동을 수행하고 있는 것은 분명한 사실입니다만, 모든 활동을 그렇게 수행하며 기회를 찾아내기에는 자원의 한계도 있고, 투입되는 시간이 만만치 않으며 그렇게 찾아낸 기회가 정말 우리 사업에 유의미한지, 계속 이런 식으로 기회 발굴을 하는 것이 Input대비 – Output이 적정한 것인지에 대한 의구심이 드는 것이죠.

제가 소속된 조직에서 Working Backward가 성공적으로 적용이 될 수 있었던 비결은 기존의 방법론 대비 상대적으로 빠르고 실전적으로 접근하고자 하는 철학의 차이'에 있다고 생각합니다.

물론 Working Backward에서도 Persona를 잘 작성하기 위해 고객과의 공감이 사전적으로 이루어지면 훨씬 효과적입니다. 그러나 여러가지 현실적인 상황 상 고객과 함께 해보고 고객을 오랜 시간 동안 관찰하며 충분한 Seed를 확보하지 못하는 경우가 많습니다. 그럼에도 불구하고 Process 내에, 수립한 Hypotheses를 시장에서 Test 하고, 해석하며, Pivoting하는 Lean Start up의 Build-Measure-Learn 방식을 취하고 있기 때문에 어느 정도 고객 공감 부분이 커버된다고 저는 믿고 있습니다.

사실 Innovation Methodology라는 것이 만병통치약이 아니기 때문에 무엇이 더 좋다고 이야기할 수는 없습니다. 새로운 기회를 탐색하고 발굴하고자 하는 사람이라면 이러한 것들을 통합적으로 이해하여 과업의 특성과 상황에 맞게 활용하는 자세를 견지하는 것이 중요하다고 생각합니다. 독자 여러분들도 도대체 왜 한국 기업에서는 Innovation Methodology로 불리는 방법론들이 잘 적용되지 않을까? 또는 잘 활용하지 않을까? 하고, 저마다의 생각을 해보는 계기가 되면 좋겠습니다.

5장

Deep Dive into pain point

·

5장

Deep Dive into pain point

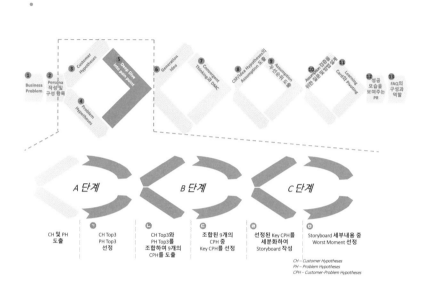

이번 5장에서는 Working backward에서 가장 중요한 고객의 Pain point를 깊이 있게 분석하는 단계입니다. 그래서 한 번에 쉽게 진행하기 어렵고 3번의 Diamond Thinking을 바탕으로 워크샵을 수행해야 합니다.

A단계

3장, 4장에서 발굴했던 Customer & Problem Hypotheses의 여러가지 요소를 프로젝트팀의 criteria에 따라 각각 Top 3로 선정합니다. 보통 '실제로 일어날 법한 상황이다', '고객 스스로 문제를 해결하기 어렵다' 등의 기준을 바탕으로 5점 척도를 활용합니다.

B단계

Top3로 도출된 Customer Hypotheses Statement 3개, Problem Hypotheses Statement 3개를 상호 조합하여 '9개의 Customer-Problem Statement 조합'을 도출합니다. 이 조합 중 프로젝트 팀에서 가장 의미 있다고 판단하는 '1개의 Key Customer-Problem Statement'를 선정합니다.

C단계

B단계에서 도출된 'Key Customer-Problem Statement'가 잘 정의되었는지 검토하는 과정이 필요합니다. 이 과정을 진행하기 위해서 Key Customer-Problem Statement를 세밀하게 나누어 살펴보는 Contextual Inquiry 와 Visualization 작업을 수행합니다. Contextual Inquiry는 'Customer-Problem Statement'에 대해 Who, When, Where, What, How, Why 등의 '육하원칙 + α'를 활용해 배경을 이해할 수 있는 다양한 요소들을 파악하는 것입니다. 그 후 파악한 요소들을 단순하고 명확한 이미지로 Visualization 을 하고, 이를 통해 Voting하는 사람(제 3자)이 쉽게 이해할 수 있게 합니다. 그 후 Voting하는 사람들에게 가장 공감가는 장면(Scene)을 투표 받아, Worst Moment로 선정합니다.

"A단계 Customer/Problem Hypotheses Top 3 선정"

A 단계   B 단계   C 단계

W/S이나 Acceleration 프로그램을 진행하면 참가자들은 이 단계를 가장 어려워합니다. 그 이유는 도출한 수십 개의 Customer/Problem Hypotheses 중 어떤 Statement를 우선적으로 검토해야 할지 어렵기 때문입니다. 다음 그림을 보며 참가자들이 왜 어렵게 느끼는지 살펴보겠습니다.

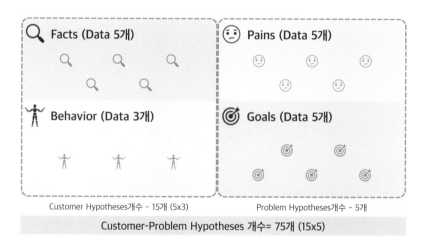

Customer Hypotheses개수 - 15개 (5x3)   Problem Hypotheses개수 - 5개

Customer-Problem Hypotheses 개수= 75개 (15x5)

위와 같은 Persona요소가 있다고 가정하고 생각해보겠습니다. 우선 Fact + Behavior를 통해 3X5=15개의 Hypotheses를 도출할 수 있습니다. 또한 Problem Hypotheses는 One Goal – One Pain의 구조를 적용하고 추가 조

합을 생각하지 않는다면 Hypotheses 5개가 도출됩니다. 그럼 우리가 보고 자 하는 Customer-Problem Hypotheses는 산술적으로 15개 X 5개 = 75개 의 Hypotheses를 검토해야 하는 상황이라는 것을 의미하겠죠.

위의 예시가 실제 기업의 프로젝트라고 가정했을 때, 75개가 아닌 수백 개 수천 개의 내용을 봐야 하는 것이 마땅하나 효율성이라는 부분을 사업 현 장에서 무시할 수 없습니다. 그렇기 때문에 상황에 맞게 효율적으로 진행 하기 위해 각각 Top 3 Hypotheses를 먼저 선별합니다. 선별 Criteria(기준) 는 '있다/없다', '작다/크다', '쉽다/어렵다'의 3개 관점을 적절하게 활용하 면 됩니다. 이를 조금 더 다듬어서 말하자면 다음과 같습니다.

1. *Customer가 존재하는지 여부 (5점 척도 활용)*
2. *Customer의 Size가 작은지 큰지 여부 (5점 척도 활용)*
3. *Customer에게 우리 프로젝트 팀 or 우리 사업에서 접근하기 용이 한지 여부 (5점 척도 활용)*

프로젝트 팀의 특성에 따라 위 3가지 Criteria 중 일부는 유용하고 일부는 유용하지 않을 수 있습니다. 다만, 위와 같은 관점을 갖고 팀원들과 Score 를 기록해보면 수십 개의 Hypotheses 중 '어떤 것이 더 우선 순위를 갖는 지' 효율적으로 찾아낼 수 있습니다.

Problem 역시 유사합니다. 문제의 존재 여부, 문제의 강도와 빈도, 문제의 시장 규모 등으로 Criteria를 수립하여 동일한 방식으로 진행하면 됩니다. 주의할 점은 Score를 부여하는 사람마다 기준이 다르기 때문에 Size나 빈도 등에 대해서는 팀원들이 모두 동일한 기준치 합의 후 점수를 기입하는 것이 좋습니다. 하나 더 참고할 부분은 Working Backward가 철저하게 고객 중심적으로 접근하는 철학을 내재하고 있기 때문에 3개 Criteria 중 조직 내부의 타당성 관점은 부적절할 수도 있습니다.

"B단계 Key Customer-Problem Hypotheses 선정"

B 단계는 앞의 A나 뒤의 C 단계에 비해 방법은 매우 쉽습니다. 먼저 Top3 Customer Hypotheses와 Top3 Problem Hypotheses 들 간의 조합을 바탕으로 9개의 Customer-Problem Hypotheses를 도출합니다.

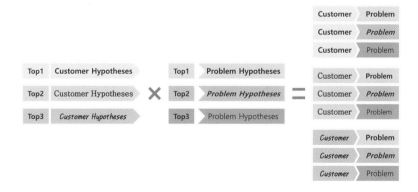

그리고 이 중 가장 핵심 Hypotheses를 고른 것이 우선 검증해야 하는 Key Customer-Problem Hypothesis가 됩니다. 이 땐 프로젝트 팀에서 가장 의미 있다고 판단하는 Customer-Problem Hypothesis를 내부적으로 고르면 됩니다. A단계에서 활용한 3가지 기준을 다시 적용해도 좋고 팀 원들간의 토론을 바탕으로 결정해도 좋습니다.

"C단계 Story board 작성(Contextual Inquiry & Visualization 진행) 및 Worst moment 선정"

도출한 Key Customer-Problem Hypothesis를 그대로 두고 고객(Customer)의 문제(problem)를 해결하는 Solution를 탐색해도 되지만, 도출한 고객의 문제가 '잘 정의된 것'인지 검토해야 합니다.
왜냐하면 '고객 Pain Point'를 깊이 있게 이해하는데 있어, 텍스트라는 형태적 특성으로 인한 한계가 있기 때문입니다. 즉 Persona에 대한 진정한 공감이 필요하기 때문에 이를 보완해야 합니다.

이 한계를 보완하기 위해 Contextual Inquiry와 Visualization 활용을 추천합니다. Contextual Inquiry (맥락적 조사)는 육하원칙을 활용하여 고객의 행동을 시간이나 의식 흐름에 따라 관찰하고, 나아가 왜 그런 행동을 했는지에 대한 배경과 이유를 분석하는 방법입니다. 이후 각 상황을 대표하는 이미지나 모습을 한 눈에 이해하기 쉽도록 Scene(장면)으로 만듭니다. 우리는 Contextual Inquiry를 활용해 고객 Pain Point 맥락을 더 확장하여 살펴볼 예정입니다. 즉, 고객의 Pain Point와 관련된 6가지 요소 (Who, when, Where, What, How, Why)등을 활용하여 다양한 요인을 나열해보고, 고객 Pain Point 맥락이 담긴 Story로 정리해보는 것입니다. 이해하기 쉽도록 예시를 통해 더 구체적으로 적용 방법을 살펴보겠습니다.

[Contextual Inquiry]

Who: 아이, 아이 친구 엄마, 경비아저씨, 아래 집, 옆집, 윗집, 남편

When: 집을 비울 때, 아침 출근 준비 시간, 저녁 9시 이후, 주말, 공휴일, 휴가

Where: 아이방, 거실, 욕실, 엘리베이터, 베란다, 주방, 카페

What: 발망치소리, 항의전화, 학부모 모임, 사과를, 전화, 혼, 눈물

How: 갑작스럽게, 억울하게, 민망하게, 어색하게, 화가나서

Why: 소음의 원인을 몰라서, 소음의 정도를 측정할 수 없어서, 미안해서, 의심스러워서

참고로 'How long? - 소음의 강도는?', 'How much? - 항의 전화의 스트레스 지수는?' 등 다양한 상황에 맞춰 6하원칙 외의 요소를 추가해 맥락을 보완할 수 있습니다.

이제 위의 요소들을 활용해서 지금껏 경험해보지 못한 불쾌한 하루를 보내고 있는 김민지씨 일상을 Scene으로 만들어 보겠습니다. 이 때 불쾌한 각 Scene이 서로 우열을 가리기 힘들만큼, 한 장면 장면이 임팩트 있는 모습으로 나올 수 있게 정리하면 좋습니다. 마치 영화 장면 속 가장 극적인 한 장면을 찰칵! 하고 캡쳐해서 보여주는 모습이 될 수 있도록 만들어야 합니다.

1. 정말 겨우 겨우 회사에 휴가를 내고 아이 친구 엄마들과 카페에서 학부모 모임을 갖고 있다.
2. 모임 중 관리실 경비아저씨가 소음이 심해서 민원이 들어왔다며 몇 차례 전화가 온다.
3. 경비아저씨에게 민망하게 사과를 하고 아이에게 전화를 걸어 화를 내며 혼을 낸다.
4. 아이는 자신이 소음을 내지 않았다며 억울해하며 눈물을 흘린다.
5. 발망치소리가 우리집 아이가 낸 것인지 의심되고 아이의 이야기를 들으니 너무 억울하다.
6. 엘리베이터에서 아래집 주민을 만났는데 쌩한 분위기에 괜히 어색하고 민망하다.

이런 식으로 6하 원칙에 들어 있는 요소를 활용하여 '너무나 불쾌한 하루'

라는 제목을 가진 영화 속 장면을 만들 수 있습니다. 장면 한 컷 한 컷이 반드시 완결성 있는 Story가 될 필요는 없지만, 개연성 없는(뜬금 없는) Story 작성은 주의해야 합니다.

이제는 Contextual Inquiry를 통해 창조한 각 Scene(장면)을 Visualization 합니다. Visualization 하는 이유는 '정말 우리 팀에서 생각하는 고객의 Pain Point가 공감가는 것'인지에 대해 Fresh Eye (제 3자 입장) 관점으로 보기 위함입니다. 즉, 우리만큼 이 문제에 대해 깊게 고민하지 않았던 사람들로 부터 한 번 더 확인하는 작업인거죠. 이때는 구구절절한 글보다는, 그 장면을 가장 잘 드러내주는 시각화된 자료가 처음 보는 사람들 입장에서 훨씬 더 공감하고 이해하기 쉽겠죠. 만약 그림으로 직접 그리기 어렵거나 거부감이 든다면, 다음 참고 자료와 같이 해당 장면을 최대한 잘 나타내주는 이미지 파일이라도 붙이고, 이미지 밑에 설명을 일부 덧붙여 Visualization 을 할 수 있습니다. (이러한 작업은 직접 Visualization을 수행하는 것 대비 효과가 많이 반감될 수 있습니다)

정말 겨우 겨우 휴가를 내고 아이 친구엄마들과 카페에서 학부모 모임을 갖고 있다.

모임 중 관리실 경비아저씨가 소음이 심해서 민원이 들어왔다며 몇 차례 전화가 왔다.

경비아저씨에게 민망하게 사과를 하고 화가 나 아이에게 전화를 걸어 혼을 낸다.

아이는 자신이 소음을 내지 않았다며 억울해하며 눈물을 흘린다.

발망치 소리가 우리집 아이가 낸 것인지 의심되고 아이의 이야기를 들으니 너무 억울하다.

엘리베이터에서 아래집 사람을 만났는데 쌩한 분위기에 괜히 어색하고 민망하다.

위와 같이 Visualization을 완성한 후, 별도 설명 없이 Fresh Eye를 가진 제 3자에게 김민지씨 입장에서 가장 공감가는(강도가 크고 시급한 Pain Point) 장면에 Voting(투표)을 받습니다. 이때 프로젝트 팀이 유념해야 할 것이 하나 있습니다. 그건 Fresh Eye에게 최대한 고객의 입장이 되어 달라고 부탁해도, 본인의 평소 상황과 입장이 다를 경우 Voting결과에 대한 신뢰성이 낮아질 수 있다는 점입니다. 그렇기 때문에 앞서 도출한 Customer와 최대한 유사한 사람을 Fresh Eye로 선정하여 진행하는 것을 추천합니다. 물론, 현실에서 Target Customer에 해당하는 사람에게만 Voting을 받아 진행하는 것 자체가 또 다른 일이 되고 시간이 지체됩니다. 그래서 제가 Acceleration을 진행할 때는 일부 한계를 인정하고, 참가팀 사무실 복도나 로비에 보드판을 만들어 Voting 받는 형태로 진행했습니다. Voting이 완료되었다면 이제 프로젝트 팀에서는 Worst Moment가 무엇인지 확인할 수 있습니다.

Deep dive into the pain point의 마지막 산출물은 Worst Moment의 요소인 Customer, Situation, Problem을 바탕으로 문장을 정리한 '고객의 Problem Statement'입니다. Problem이란 용어가 자주 나와 헷갈릴 수 있으므로 본 장에선 이 용어를 'C-S-P statement'라고 부르겠습니다.

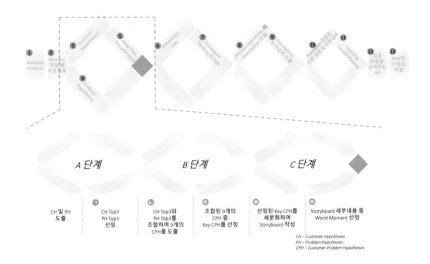

A 단계

B 단계

C 단계

CH 및 PH
도출

CH Top3
PH Top3
선정

CH Top3와
PH Top3를
조합하여 9개의
CPH를 도출

조합된 9개의
CPH 중
Key CPH를 선정

선정된 Key CPH를
세분화하여
Storyboard 작성

Storyboard 세부내용 중
Worst Moment 선정

CH – Customer Hypotheses
PH – Problem Hypotheses
CPH – Customer-Problem Hypotheses

팀에서 Worst Moment를 보며 '우리가 정의한 Problem이 정말 제대로 정의된 것이 맞는지' 다시 한 번 검토하면서 최종적으로 문장(Statement)으로 정리하는 시간을 가져야 합니다. 최종 정의 단계에서는 당연히 프로젝트 팀의 '해석'이 들어갑니다. 지금까지 Persona를 활용하여 Diamond Thinking을 바탕으로 접근해 왔다면, 'C-S-P statement' 정의 단계에서는 기획자로서 Design Thinking의 창조성을 더하는 것이죠. 따라서 Customer, Situation, Problem의 문장 모두 유연하게 수정할 수 있습니다. 즉 반드시 Persona 상에 작성한 문장을 기계적으로 활용해야만 하는 것은 아니라는 의미입니다. 가장 중요한 것은 팀원이 고객 입장이 되어 깊이 고민해보고, 왜 이 상황에 대해 사람들이 Worst Moment로 뽑았는지 논의하는 과정을 충분히 진행하는 것입니다.

이제 다음 단계인 CSP 도출 과정입니다. Worst Moment에서 C-S-P statement는 아래 3가지 구성 예시를 보면 쉽게 이해할 수 있습니다.

Customer: 아이 둘을 키우며 평일에 정기적으로 학부모 모임을 갖고 있는 엄마
Situation: 아이 혼자 집에 있는데 항의 전화를 받았을 때
Problem: 이웃집과 갈등 없이 생활하고 싶지만, 소음의 크기와 발생 장소를 확인할 수 없다.

지금까지 차근차근 절차를 수행했다면 'C-S-P statement'의 세부 내용을 쉽게 작성했을 것입니다. 다만, 위 Statement를 도출할 때 팀원들끼리 많은 논의가 오고 갔을거라고 예상됩니다. 왜냐하면 작성하는 문구 하나하나에 우리 프로젝트 팀의 의도가 담기기 때문입니다. 독자 분들의 이해를 돕기 위해 Customer 도출 예시를 살펴보겠습니다. Customer의 '아이 둘을 키우며 평일에 정기적으로 학부모 모임을 갖고 있는 엄마'라는 문구엔 크게 3개의 조건 값들로 구성되어 있습니다.

조건 1: 아이 둘을 키운다
조건 2: 평일에 정기적으로 학부모 모임을 갖는다.
조건 3: 엄마다.

현재 기술 상태를 보면 위 조건들은 and 속성을 갖고 있습니다. 즉, 3가지 조건을 모두 갖춘 고객이 우리 프로젝트 팀에서 Targeting하는 고객인 것입니다. 1차적으로 프로젝트 팀은 Targeting하는 고객의 조건 값에 대한 다음 예시와 같은 사업적 타당성(존재 가능성과 규모 등)을 검토하게 됩니다.

> 팀원 A: "3가지 조건을 모두 갖춘 고객은 한국에서 몇 명이나 될까요?"
> 팀원 B: "그 숫자(Size)가 우리 프로젝트팀에서 진입할 만한 Market Size로 적절할까요? 너무 작지 않나요?"

이렇게 존재 가능성이나 규모에 대한 주제가 논의되는 이유는 표현 내용이나 방식과 연관되어 있기도 합니다. 위 '조건(1)'을 예로 설명하자면 여기엔 "아이 둘"이 들어가 있습니다. 아마도 '아이 둘'이라는 Data Point에 대해 프로젝트 팀에서는 7세, 10세 아이를 키우는 김민지씨를 가상의 고객으로 봤기 때문에 맥락상 한창 뛰어 노는 초등학생이나 취학 전 아이를 가정했을 것입니다.

그러나 현재 작성된 statement로 봤을 때는 중학생 아이든, 대학생 자녀든 성인 자녀든 관계없이 2명의 아이만 키우고 있으면 되겠죠. 즉, statement를 작성할 때는 꼭 담아야 하는 의도를 정확하게 드러나도록 표현하는 것이 중요합니다. 이 단계에서 의도가 명확하게 나타나도록 statement를 작성하지 않으면 추후 시장 타당성을 검증할 때, 제대로 된 검증이 이루어지지 않게 됩니다. 예를 들면, 알아서 조심하고 집에 잘 있지도 않는 고등학생 자녀 둘을 키우고 있는 엄마에게, 집을 비울 때 층간 소음에 대한 pain point가 있다는 것을 검증하게 되는 것입니다. 요약하면 단어나 문구 또는 다수를 포함하는 개념을 언급하면 페르소나를 정의한 의미가 퇴색해 버리고, 반대로 너무 세밀하고 구체적으로 내용을 정리하게 되면 우리 주변에 찾기 힘든 고객을 설명하는 것이어서 팀원간 충분한 논의를 바탕으로 문장을 정리하는 것이 필요합니다.

제가 Acceleration 프로그램을 운영하며 경험했던 예를 하나 더 들어보겠습니다. 친환경 소재의 새로운 용도 발굴 과제를 갖고 참가한 팀이 있었습니다. 이 팀에서는 persona 작성 시에 환경 호르몬에 예민한 엄마를 가설적으로 설정했었는데요. 제 기억을 더듬어 당시 팀에서 작성했던 Persona_Fact에 담긴 Data Point를 떠올려보면

1. *38세, 회계사, 김민지 -> 회사 생활로 아이에게 평소 신경은 못쓰나 구매력이 있는 엄마로 가정*
2. *여자아이 외동 8세 -> 성조숙증에 상대적으로 더 민감한 아이의 성별 (여성), 성조숙증이 잘 나타나는 연령대 반영*
3. *배달음식 평균 2회 ~ 3회 이용/주 -> 다양한 종류의 배달음식을 주문하고 있는 환경 반영*

이런 식의 내용이었습니다. 이 팀에서 1차로 C-S-P statement에서 기술했던 Customer는 '자녀와 배달 음식을 시켜먹는 엄마'였습니다. 조건 값이 많이 들어가면 그를 충족하는 고객의 Size가 줄어드니 이렇게 압축적으로 표현했습니다. 8세 여자아이를 키우며 주 2회~3회 배달음식을 시켜먹는 30대 전문직 여성의 조건 값을 모두 갖춘 고객이 시장에 유의미한 Size로 존재하지 않는다는 식의 논의를 거친 것이죠.

독자 여러분들도 느끼겠지만, 이 팀의 본래 의도는 환경 호르몬에 민감한 엄마를 가정한 것이었습니다. 그런데 지금의 Statement는 대학생 자녀와 배달 음식을 시켜먹는 엄마도 포함됩니다. 그들에게 '배달 음식을 시켜먹을 때 환경 호르몬이 걱정되시죠?' 라는 질문은 타당성을 검증할 때 상대적으로 Pain의 강도나 시급성이 현저히 낮아지게 나오게 되겠죠? 결국 해당 팀에서는 의도가 제대로 드러나도록 문구를 수정하고, 타당성이 있는 수준으로 Customer statement를 논의하는 과정을 거쳐 "맞벌이로 미취학 아이를 키우고 있는 엄마"로 보완했습니다. 이런 과정은 팀원들 간에 서로 다른 생각을 조정할 수 있는 기회를 줍니다. 그리고 앞서 언급한 것처럼 Customer 뿐만 아니라 나머지 Situation과 Problem까지 문장으로 작성할 때 사업적으로 유의미하고 타당성을 갖는지에 대해 더 명확하게 논의할 수 있습니다. 결론을 다시 요약하면 C-S-P에 대해 의도가 드러나게 statement를 기술하는 것이 중요합니다.

6장

Generation Idea

·

6장
Generation Idea (Divergent Thinking)

우리는 일상에서 어떤 문제를 발견하고, 그것을 해결하기 위한 아이디어를 구상할 때 다양한 도구나 기법을 사용합니다. 그리고 솔루션을 탐색하고 선택하는 형태의 모습은 아래 그림과 같이 전형적으로 Divergent-Convergent 과정의 Diamond Thinking 형태를 나타내죠.

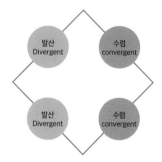

발산(Divergent) 단계에서 창의적인 아이디어를 생산하기 위한 학습 도구 즉, 브레인스토밍 등과 같은 기법이 많이 활용되는데, 세부 기법을 기술하지 않겠습니다. 구글이나 유튜브를 통해 'Divergent thinking tools' 또

는 'Idea generation tools'를 검색하면 마인드맵, 만다라트, 브레인라이팅 등 많은 내용을 쉽게 확인할 수 있으니 다양한 도구 중 본인 팀에서 원하는 것을 선택하면 됩니다.

제가 이해한 Working Backward는 양적으로 아이디어를 발산하고 그 안에서 좋은 아이디어를 선정하는 정석 Approach도 좋지만, '고객'과 '문제'를 잘 정의하면 그것을 해결하는 솔루션은 상대적으로 용이하게 도출될 수 있다는 철학에 더 가까운 것 같습니다. 왜냐하면 앞서 정의한 고객 문제를 해결하는 솔루션 도출을 위해 별도의 툴을 활용한 절차(브레인스토밍을 통해 수십 개, 수백 개의 아이디어를 발산하고, 그 안에서 수렴하는 과정)를 길게 갖지 않습니다. 대신 각 팀원들이 8분 동안 8개의 재미있고 엉뚱한 Crazy Ideas를 작성하도록 가이드하기 때문입니다.

Crazy Idea를 강조하는 이유는 이미 우리 모두가 뻔히 알고 있고, 고객에게 기존 대비 특별한 경험을 제공하지 못하는 수준의 아이디어에 시간을 낭비하지 않고 창의적인 솔루션을 도출하기 위한 측면이 가장 큽니다. 제가 전 아마존 임직원으로부터 들었던 비즈니스 사례 중 Crazy Idea와 관련하여 가장 인상 깊었던 이야기는 무인편의점 Amazon Go 이야기였습니다.

번화한 도심지에서 일하는 젊고 건강한 전문직 여성을 Persona에 담았고, Pain Point로 점심 시간에 건강식을 먹으려면 줄을 서야 하는 등 시간 낭비를 한다는 식의 내용이었는데요.

이 문제를 해결하는 솔루션으로 기획 초기 단계에 나온 Crazy Idea는 "고객에게 합법적으로 훔치는 경험을 제공한다"는 것이었답니다. 이를 참고해보시면 우리가 앞서 찾은 고객의 문제를 고객의 입장에서 해결할 수 있는 Crazy Idea는 무엇이 나올 수 있을까요? 독자 여러분 각자 마음껏 발산해보길 바랍니다.

7장
Convergent Thinking과 DMC

7장
Convergent Thinking

.

아이디어가 8개가 됐든 10개가 됐든 100개가 됐든 발산 단계 후, 좋은 Idea를 선별하는 Convergent 단계를 수행해야 합니다. 중요한 점은 좋아 보이는 여러가지 아이디어를 복수로 선정하지 않고, 오직 '하나'를 선정 합니다. 이 아이디어는 고객의 문제를 해결하는 것은 물론, 고객 입장에 서 Benefit이 가장 크고, 기존의 아이디어와 비교했을 때 고객 경험을 매 우 긍정적으로 만들어 주어야 합니다. 당연한 말이지만 이러한 항목들이 선정 기준(Criteria)이 되겠죠.

그런데 실제 Acceleration 프로그램을 진행하다 보면 고객 가치 측면에서 철저하게 접근해야 한다는 당위성은 공감하나, 내부적으로 "반드시 함께 검토해야 하는 기준(Criteria)이 있다"는 고충을 토로하는 경우가 많습니 다. 예를 들면, 그 기준은 기술적 구현가능성, Market Size, 수익성, 경쟁 강도, 성장성, 투자규모, 핵심 역량 보유 여부, 사업 준비 기간 등과 같은 것들입니다. 여기에서 제 개인 경험담을 공유하자면, Working Backward 방법론을 제대로 활용하기 위해서는 -현실 상황이 그렇다 치더라도- 고객의 Benefit과 경험 중심으로만 철저하게 검토하고 내부 타당성은 FAQ 단계에서 검증하는 것이 나을 때가 많았습니다.

다만, 이 부분에 대해 여전히 수용이 되지 않거나 우리 상황에 맞도록 변형해서 활용해야겠다는 니즈가 있는 분들을 위해, 적절한 균형을 찾아가볼 수 있는 방법을 추가 소개하고자 합니다. 보통 2가지의 Independent 또는 상충되는(?) 기준을 동시에 검토해야 할 때는 2X2 Matrix를 많이 활용합니다. 만약 위의 고객 가치 측면의 Criteria와 사업 타당성 측면의 Criteria를 사용한다면 아래 그림과 같이 표현할 수 있을 것입니다.

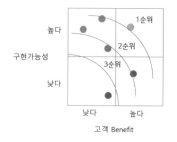

다만, 앞서 말씀드렸듯이 방법론이 추구하는 본질에 적합하다고 할 수는 없는 상황이기 때문에 정말 어쩔 수 없이 이러한 접근이 요구되는 팀에서만 활용하기를 권해드립니다.

그리고 만약 위와 같이 고객가치와 사업 타당성 항목을 5:5로 비중을 두어 선택하는 형태가 아니라면, Decision Making Criteria(DMC)의 순서는 반드시 고객가치- 사업 타당성 Criteria 순으로 적용하기를 강력하게 추천합니다. DMC 적용 순서에 따라 최종 아이디어가 달라지기 때문입니다. 왜 달라지는지 A부터 G까지 7개 아이디어를 평가한 표로 예를 들겠습니다. 우선 사업 타당성 - 고객가치 순으로 DMC를 적용하는 사례를 보겠습니다.

<경우 (1) 사업 타당성 – 고객가치 순서 적용>

List	사업 타당성(예)		사업타당성 소계	고객 Benefit	총계
	경쟁강도	내부 핵심역량			
A	3	5	8	2	10
B	3	2	5	5	10
C	5	4	9	1	10
D	5	2	7	3	10
E	2	4	6	4	10
F	1	2	3	4	7
G	4	2	6	4	10

A~G까지 7개의 솔루션 후보들이 있습니다. 이 중 1차 Filtering을 통해 3개의 우선순위를 뽑고 3개 중에서 최종적으로 하나의 아이디어를 선정하는 형태로 진행한다고 가정해보겠습니다.

그림에서 보는 바와 같이 1차적으론 A, C, D가 우선 선정될 것입니다. 그리고 이 3개 중 고객 Benefit은 D가 가장 크기 때문에 D가 최종적인

Solution으로 선정될 것입니다.

다음은 고객가치 - 사업 타당성 순으로 DMC를 적용하는 경우를 살펴보겠습니다. 세부적인 점수나 항목은 경우(1)과 동일합니다

<경우 (2) 고객가치 - 사업 타당성 순서 적용>

List	고객 Benefit	사업 타당성(예)		사업타당성 소계	총계
		경쟁강도	내부 핵심역량		
A	2	3	5	8	10
B	5	3	2	5	10
C	1	5	4	9	10
D	3	5	2	7	10
E	4	2	4	6	10
F	4	1	2	3	7
G	4	4	2	6	10

1차 Filtering을 통해 B, E, F, G 4개가 우선 선정될 것이고 이 중 사업 타당성이 가장 높은 E, G 2개가 남아 있을 것입니다. 이 때 경쟁강도에 가중치를 둘 것인지, 내부 핵심역량에 좀더 가중치를 둘 것인지에 따라 E나 G가 선정되는 형태로 전개가 될 것입니다.

독자 여러분들께서 보셨다시피, 경우(1)과 경우(2)를 비교해보면 F를 제외

하고는 총계는 10점으로 동일한데 DMC의 순서를 어떻게 적용하느냐에 따라 선정되는 결과가 완전히 달라집니다. 따라서 비즈니스 현장에서 내부적으로 타당성 관점을 고려해야만 한다면, 그것을 반영하되 DMC의 순서만큼은 고객가치를 우선 적용하는 것이 더욱 중요합니다.

본 내용은 사실 Working Backward 철학에 맞지 않다고 생각합니다만, 실제 제가 Acceleration 프로그램을 진행하며 프로젝트 팀들이 현실적 상황과 한계에 부딪히는 모습을 너무나 자주 목격했기에 작성하였습니다.

독자 여러분께서 이러한 상황을 감안하여 봐주셨기를 바라며 이제 Hypotheses에 대한 검증 활동 단계로 넘어가도록 하겠습니다.

8장
CSP/Idea hypotheses의 Assumptions 도출

•

8장
CSP/Idea hypotheses의 Assumptions 도출

•

Persona로 출발하여 고객과 문제를 도출하여 C-S-P(Customer-Situation
-Problem) Statement를 작성했고, 고객의 문제를 해결하기 위한 Idea
(=Solution)를 도출했습니다. 여기서 성급하게 접근하면 Idea가 정말 좋은
지 프로토타입 또는 MVP(Minimum Viable Product)를 만들어 검증하자고
하는 우를 범할 수 있습니다. '우'라고 하는 이유는 C-S-P Statement도 아
직 검증되지 않은 가설이기 때문입니다. 따라서 앞의 A다이아몬드와 B다
이아몬드에서 도출했던 C-S-P statement(Customer hypothesis + Problem
hypothesis)와 Idea Hypothesis를 모두 검토해야 합니다. 그리고 그 검토를
제대로 하기 위해 Assumption을 추출해야 합니다.

Hypotheses 속 Assumption 추출

현재 프로젝트 팀에서 정리한 Hypotheses에는 프로젝트 팀의 여러가지 Assumption(가정)이 포함되어 있는 상태입니다. 그래서 프로젝트 팀이 작성한 가설에 들어있는 여러 세부 가정들을 샅샅이 찾아내야 합니다. Working backward를 수행할 때 팀원들이 스트레스를 크게 받는 부분입니다. "아니 고생해서 만든 이것들을 또 쪼갠다고?"라고 생각할 수 있습니다. 예시를 통해 살펴보겠습니다.

[Hypotheses Example]

C-S-P statement

Customer : 아이 둘을 가진 42살 주부 이한나씨는 층간소음을 줄이고자 아이 방에 매트를 깔고 훈계하고 있다.

Situation & Problem: 아래 집과 층간소음 갈등 없이 살고 싶지만, 집을 비웠을 때 아래 집에서 느끼는 소음이 우리집에서 발생한 것인지 다른 곳에서 발생한 것인지 알 수 없다.

Idea

Solution: 집안의 소음 발생 정도와 장소를 확인할 수 있는 측정 장치를 제공한다.

위 Hypotheses에 암묵적으로 내포되어 있는 Assumption을 찾아내 볼까요? 위에서 도출할 수 있는 Assumption은 아래와 같은 것들이 있을 것입니다.

[Assumption Example]

Customer

집에 매트를 깔고 있는 주부가 있다.

층간소음을 줄이기 위해 매트를 깔고 있다.

층간소음 문제로 아이를 혼내고 있다.

매트는 아이 방에 깐다.

Situation & Problem

아이 둘을 가진 고객은 층간소음 문제를 겪고 있다.

층간소음 갈등은 아래 집과 발생한다.

소음의 발생 장소를 확인할 수 없다.

층간소음 갈등이 가장 *Pain*이 크다.

어른이 집을 비울 때 층간소음 문제가 생긴다.

Solution

댁 내 소음 발생 정도를 측정하고 싶다.

댁 내 소음 발생 장소를 측정하고 싶다.

익숙하지 않아 어렵다면 팁으로 아래 관점을 참고하여 Assumption을 추출해보기를 권해드립니다.

관점 1: 고객이 이런 행동을 한다.

관점 2: 문제가 존재한다.

관점 3: 이 문제는 이런 상황에 발생한다.

관점 4: 이런 고객이 존재한다.

관점 5: 고객은 현재 이 행동에 만족을 못한다.

관점 6: 문제는 시급하다.

관점 7: 문제는 강도가 크다.

관점 8: 고객은 이러한 니즈가 있다.

독자 여러분들도 이러한 관점을 바탕으로 가설(Hypothesis)에 내포되어 있는 가정(Assumption)들을 하나하나 분해해보길 바랍니다.

실전 Tips

Practice Assumptions 도출하기

Assumption 도출은 지면을 통해 글로 설명하는데 한계가 있다고 생각되어 독자 여러분들이 직접 연습할 수 있는 공간을 마련했습니다.

아래는 샘플 CPS입니다. (내용이 잘 다듬어졌다 여부는 따지지 마시고, CPS의 문장을 보며 내포되어 있는 Assumption을 뽑아보시기 바랍니다.)

[Customer Hypotheses]

워킹맘 김미나씨는 제품을 가장 빠르게 픽업할 수 있는 시간대로 주문 가능한 새벽배송 어플을 바꿔가며 사용하고 있다.

Assumption

  (1)

  (2)

(3)

(4)

(5)

[Problem Hypotheses]

주문했던 식료품을 언제 픽업하든지 신선하게 냉장고에 정리하고 싶지만, 냉동식품이 해동되거나 유제품이 상할까 염려되어 주문을 못하고 있다.

Assumption

(1)

(2)

(3)

(4)

(5)

[Practice 결과물 비교]

Customer Assumption

(1) 새벽배송 어플을 사용하는 워킹맘이 있다.

(2) 새벽 배송 어플로 제품을 주문하고 있다.

(3) 시간대 별로 주문이 가능한 새벽 배송 어플이 있다.

(4) 제품을 고객이 직접 픽업할 수 있다.

(5) 새벽 배송 어플은 여러가지(각 종) 종류가 있다.

Problem Assumption

(1) 주문한 식료품은 바로 섭취하지 않고 정리한다.

(2) 픽업하는 시간은 다양하다.

(3) 픽업하는 시간에 따라 신선하게 정리할 수 있는지 여부가 결정된다.

(4) 냉동 식품이 해동되는 것이 걱정된다.

(5) 유제품이 상하는 것이 가장 걱정된다.

(6) 냉동식품이 해동되는 것이 우려되어 주문을 하지 못한다.

(7) 유제품이 상하는 것이 우려되어 주문을 하지 못한다.

9장
Assumption 우선순위 도출

9장
Assumption 우선순위 선정

•

8장 C-S-P/Idea Hypotheses Assumption 도출 과정을 통해, 각 Assumption 이 10개 내외로 도출되어 있는 상태일 것입니다. 그럼 도출한 모든 Assumption을 프로젝트 팀이 검증해야 할까요?

이상적으로는 Assumption을 모두 검증하는 것이 좋지만, 초기 단계에서 꼭 검증이 필요한 Assumption을 선별하는 방법이 효율적입니다. 이를 위해 프로젝트 팀에서 도출한 Assumption의 우선순위를 도출하는 생각의 힘이 필요한 시점입니다. Working Backward에서는 우선순위를 선정하는 Criteria로 Business에 미치는 Impact와 Data의 신뢰성 수준 2가지를 활용합니다. 이것을 Impact-Confidence Graph라고 하는데요 아래 그림과 같이 표현이 됩니다.

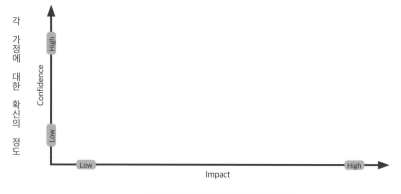

각 가정에 대한 확신의 정도

가정이 틀릴 시 우리 사업에 미치는 정도

먼저 가로 축의 Impact를 설명하겠습니다. 가정이 틀렸을 때 즉, 우리의 가설(Hypotheses)에 내포되어 있는 가정(Assumption)이 타당하지 않을 때, 우리가 하고자 하는 비즈니스에 미치는 영향이 크다-작다의 순으로 배치하기 위한 기준입니다.

단순하게 읽었을 때는 "그렇구나!" 할 수 있겠지만 Acceleration 참가 팀 대부분이 가로축 순서를 배치하는 것을 매우 어려워합니다. 하지만 BIA(Business Impact Analysis)를 생각하면 수월하게 접근할 수 있습니다. (비즈니스에 미치는 Impact에 대해 리서치를 해보면 본질적으로 이 내용은 BIA와 많이 연관됨을 알 수 있습니다.) 보통 BIA는 재난, 재해, 사고 등이 일어났을 때 얼마나 빠르게 그 문제에 대응하며 회복 해낼 수 있는지 분석하는 방법인데요. 이 분석 기법을 그대로 사용한다기보다 어떤 상황이 발생했을 때(여기에서는 우리 Assumption이 타당하지 않았을 때 /

존재하지 않았을 때) 우리 비즈니스가 유지될 수 있느냐의 맥락으로 활용하는 것으로 생각하면 이 기준을 더 쉽게 활용할 수 있습니다.

이 맥락을 참고하여 다음 순서대로 적용해보길 바랍니다.

1. *프로젝트팀의 Assumption이 타당하지 않으면 우리 사업이 성립될 수 있다/없다 (존재할 수 있다/없다)의 2개 집단으로 분류해보세요.*
2. *우리 사업이 존재할 수 없는 수준의 Assumption은 Impact Graph 상에서 크다 쪽에 모아두고, 있으나 없으나 관계없는 Assumption 은 작다 쪽에 모아두세요.*
3. *판단이 애매한 것들은 작다/크다의 중간 지점에 두세요*
4. *크다 쪽에 있는 Assumption의 중요한 정도를 팀원 개인이 Scoring 하세요. (5점 척도 활용)*
5. *점수가 가장 높은 순으로 Assumption을 우측에서 좌측으로 정렬해 주세요.*

앞장의 워킹맘 김미나씨 관련 Assumption Practice를 예로 든다면 다음 그림과 같은 모습이 되겠죠. (C=Customer, P=Problem)

C-1. 새벽 배송 어플을 사용하는 워킹맘이 있다.

C-2. 새벽 배송 어플로 제품을 주문하고 있다.

C-3. 시간대 별로 주문이 가능한 새벽 배송 어플이 있다.

C-4. 제품을 고객이 직접 픽업할 수 있다.

C-5. 새벽 배송 어플은 여러가지 (각 종) 종류가 있다.

P-1. 주문한 식료품은 바로 섭취하지 않고 정리한다.

P-2. 픽업하는 시간은 다양하다.

P-3. 픽업하는 시간에 따라 신선하게 정리할 수 있는지 여부가 결정된다.

P-4. 냉동식품이 해동되는 것이 걱정된다.

P-5. 유제품이 상하는 것이 가장 걱정된다.

P-6. 냉동식품이 해동되는 것이 우려되어 주문을 하지 못한다.

P-7. 유제품이 상하는 것이 우려되어 주문을 하지 못한다.

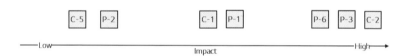

이제는 세로 축 Confidence의 수준을 조정해 보겠습니다.

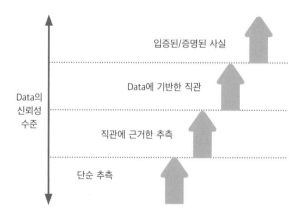

위 그림과 같이 세로 축을 4개로 나누고 프로젝트 팀에서 도출한 Assumption이 '추측 수준인 것인지', '시중의 신문기사나 아티클 등을 통해 직, 간접적으로 Data에 기반한 직관인 것인지', '더 이상 이견의 여지가 없이 세상에서 증명된 사실인 것인지' 등으로 축을 조정하는 것입니다.

시장에서 검증을 수행하지 않은 초기 단계에는 주로 단순 추측이나 강한 직관에 근거한 추측인 경우가 많습니다. 특정 Assumption이 '추측'의 1단계, 2단계에서 3단계나 4단계로 올라가는 상황이 생긴다면 반드시 '그 내용에 대한 Data를 정확하게 제시할 수 있는지'를 점검하길 추천합니다.

이렇게 Impact-Confidence Graph상에 배열이 끝났다면 이제 우선 순위를 도출해볼 단계입니다.

매우 간단합니다. 아래 그림과 같이 우리 사업에 미치는 영향이 크지만 Data에 대한 확신이 낮은 것을 1순위로 우선 검증 대상을 추출할 수 있겠죠.

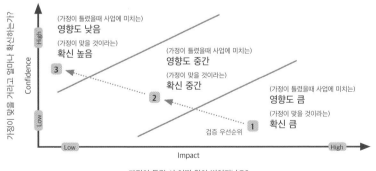

10장
Assumption 검증을 위한
질문 및 방법 설계

•

10장
Assumption 검증을 위한 질문 설계

•

가설을 검증하기 위해선 고객 관찰하기, 물어보기, 고객 되어보기, 고객과 함께하기 등 많은 방법이 있습니다. (이 내용은 Tips에서 설명하겠습니다) 이번 시간에는 여러가지 가설 검증 방법 중 빠르고 가볍게 검증하기 위해 물어보기 즉, 고객 인터뷰나 설문 등을 통해 진행하는 방법 중심으로 살펴보겠습니다.

아래 3개의 Assumption을 검증하고자 하는 상황이라고 가정하며 살펴보시죠

Assumption 1: 아래 집과 갈등이 생기는 것은 층간소음 때문이다.

Assumption 2: 어른이 집을 비울 때 층간소음 문제가 생긴다.

Assumption 3: 소음의 발생 장소를 확인할 수 없는 것이 Pain이다.

위 Assumption을 검증하기 위한 질문의 바람직한 모습을 먼저 보여드리겠습니다.

> *Assumption 1 검증질문: 아파트에 살면서 어떤 문제로 아래 집과 갈등이 가장 많이 생기나요?*
> *Assumption 2 검증질문: 층간소음 문제가 가장 심각한 때는 언제인가요?*
> *Assumption 3 검증질문: 층간소음으로 항의를 받을 때 가장 억울한 경우는 어떤 것인가요?*

위 질문 모두 형태적으로 Open Question임을 눈치채셨을 것입니다. 즉, 프로젝트 팀에서 고객에게 의도하는 답을 직접적으로 요구하거나 객관식과 같은 형태로 질문하여 선택하는 방식이 아니라, 고객으로부터 다양한 답변이 나올 수 있는Open Question입니다. 예를 들어, 아래 집과 갈등이 생기는 이유는 층간 소음 때문이라는 가설을 검증하기 위해 고객에게 "층간 소음으로 스트레스 받나요?" 라고 직접적으로 묻는 방식이 아닙니다. 고객에게 '아래 집과 갈등이 생기는 이유는 무엇인가요?' 라고 질문을 하면 고객은 '욕실에서 물이 새서 신경 쓰여요', '공용 공간에 자전거 같은 짐을 놓아둬요', '담배를 베란다에서 피워요' 등의 다양한 답변이 나올 수 있습니다. 다양한 답변의 가능성 중 고객이 '층간소음'을 이야기할 때 우리 가설이 타당하다고 1차적으로 판단하겠다는 논리입니다.

좀 더 살펴볼까요? 층간 소음 문제가 가장 심각한 때를 물으면 고객은 '출근 시간', '저녁 시간', '10시 이후', '주말에', '공휴일' 등을 이야기할 수 있는데 '어른이 집을 비울 때'라고 50% 이상이 답변한다면 프로젝트 팀이 갖고 있는 가설이 타당하다'고 판단하는 방식입니다.

질문 설계가 이루어지고 나면 각 질문에 대해 프로젝트 팀 내부적으로 '어떤 수치를 기준으로 타당하다고 평가할 것인가'가 함께 이루어져야 합니다. 예를 들어 1번 검증 질문에 대해 10명의 고객 중 6명 이상이 '층간 소음'을 언급할 때 Assumption 1이 타당하다고 내부적으로 판단하는 것입니다. 아마도 고객조사나 통계에 지식을 갖춘 독자께서는 "아무리 못해도 최소 샘플 개수가 30개 이상 되어야 한다" 등과 같이 통계적 샘플 수의 타당성 문제를 제기할 수 있습니다. 충분히 일리 있는 말씀입니다. 그런데 지금 Working Backward 첫 번째 Cycle에서부터 최소 N값을 확보하여 통계적 타당성을 확보해가는 접근은 프로젝트 수행 속도를 현저하게 떨어뜨릴 수 있습니다. Working Backward를 적용하는 초기 단계에 통계적 타당성을 빠르고 쉽게 검증할 수 있는 도구나 자원이 충분하다면 리서치펌 활용 등 일반적인 방식으로 타당성을 검증하는 방식도 있겠지만, Working Backward를 제대로 활용하는 측면에서는 싸고 빠르게 초기 단계는 내부적으로 검토해나가겠다는 철학이 더 적합하다고 생각합니다.

그럼 통계적 타당성은 아예 무시하는가? 그렇지 않습니다. 통계적 타당성

즉, N값을 높여서 Research firm도 활용하며 비용을 쓰는 것은 우리 팀의 가설에 대해 어느 정도 내부 확신이 서고 개발 단계까지 진행하는 것이 검토되어야 하는 시점에 활용하면 되겠죠.

즉, 돈을 쓰더라도 적절한 시점에 효과적으로 쓰자는 것입니다.

끝으로 제가 위에서 말한 질문과 MOS(Measure of success)의 완성된 모습을 아래 그림을 통해 확인해보길 바랍니다.

Where are your Potential Customer?	키즈카페
10 Questions (to validate your riskiest assumptions)	1. 아파트에 거주 중인가요? 2. 아이는 있는지, 있다면 몇 살인가요? 3. …… 4. …… 5. 아파트에 살면서 어떤 문제로 이웃과 갈등이 가장 많이 생기나요? 6. …… 7. 층간소음 문제가 가장 심각한 때는 언제인가요? 8. …… 9. 층간소음으로 항의를 받을 때 가장 억울한 경우는 어떤 것인가요?
How we will measure success?	1. 5번 질문에 대해 10명 중 6명 이상이 '층간소음'을 언급할 경우 2. 7번 질문에 대해 10명 중 4명 이상이 '집을 비우고 아이 혼자 있을 때'를 언급할 경우 3. 9번 질문에 대해 10명 중 3명 이상이 '우리 집 소음이 아닌데 항의 받은 경우' or '시끄럽지 않은 것 같은데 항의 받은 경우 ' 를 언급할 경우

실전 Tips
가설(Hypotheses) 검증을 위한 프로토타이핑

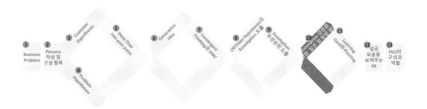

독자분들은 Customer/Problem/Solution(이하: CPS)을 도출하는 과정까지 확인했습니다. 이제는 프로젝트 팀이 수립한 CPS의 Hypotheses가 타당한지 검증하는 과정을 살펴보겠습니다.

프로토타이핑이란?

보통 제조 기반 회사에서는 프로토타이핑을 Mock-up의 의미로 사용하고 있습니다. (Mock-up: 제조업과 디자인 분야에서 디자인이나 장치의 스케일 모델 또는 풀 사이즈 모델을 가리키며, 교육, 시연, 설계 평가, 프로모션 등의 목적을 위해 사용) 이러한 활동은 보통 '우리의 생각대로 제품이 작동되는지', '추가로 개선해야 할 사항이 무엇인지', '투자자들이 이 아이디어에 매력을 느끼는지', '고객은 어떤 피드백을 주는지' 등을 확인하기 위해서 진행합니다.

위에서 말한 활동은 모두 조금씩 다른 것 같지만, 본질적으로는 '우리의 생각대로(가설대로) 실제 세계에서도 그러한 것'인지를 검증하는 것으로 귀결됩니다.

우리가 앞서 고객에 대한 360도 어프로치와 Segmentation 어프로치를 이야기할 때 Innovation Pipeline(Customer-Problem Fit, Problem-Solution Fit, Solution Market Fit)을 살펴보며, 각 어프로치를 적합한 단계에서 활용해야 한다는 이야기를 했었던 것 기억나시나요?

프로토타이핑도 동일합니다.
프로토타이핑은 무엇인가 검증을 하는 것이 본질적인 목적인데, 가설에 대해 확인된 것이 거의 없는 것과 다름없는 초기 단계에서 Mock-up 제작을 통해 검증활동을 수행하는 것이 적절하느냐에 대해 고민해볼 필요가 있습니다.

대부분의 프로젝트 팀은 자원이 무한하지 않은 이상 최대한 싸고 빠르게 검증하는 방식을 필요로 합니다. 그리고 어느 정도 검증이 이루어지고 난 후, 돈을 좀 들여서라도 Mock-up 제작을 통해 실제로 구현하는 방법이 단계적으로 더 타당할 것입니다.

이러한 맥락에서 검증하는 단계를 아래 그림과 같이 3개로 구분해보고, 단계 별로 어떤 검증활동이 더 효과적일지 살펴보도록 하겠습니다.

Customer
Discovery

Investigating their
problems to understand
behavior

Pitch

Attempts to sell to a
customer in exchange
for currency: time,
money or work

Actualize

Deliver the product as a
service to see if delivery
matches expectations

앞서 도출한 고객과 문제, 문제 해결을 위한 솔루션의 발견이 이루어지는 단계가 Customer Discovery에 해당하고, 그렇게 도출한 내용의 구매 매력도 등을 측정하는 것이 Pitch단계에 해당합니다. 그리고 실제 우리 의도대로 제품이나 서비스가 작동되는지 Mock-up 등으로 구현하는 것이 Actualize에 해당합니다.

프로토타이핑 단계 별 검증 방법론

현재 독자 여러분과 함께 진행해 온 CPS에 대한 가설 도출은 3개의 단계 중 Customer Discovery에 해당됩니다. 이 단계에서는 대부분 고객과의 공감에 대한 방법론이 활용됩니다.

그림에서 보시는 바와 같이 세부 방법론 대부분이 '고객 관찰하기', '고객에게 물어보기', '고객 되어보기', '고객과 함께하기'로 귀결됨을 확인할 수 있습니다.

Field Obsevation은 '관찰하기'에 해당하고, Coffee shop Test(카페에서 차를 마시고 있는 사람에게 가볍게 다가가 자연스럽게 우리가 궁금해하는 사항을 물어보는 방식) 즉, '물어보기'에 해당합니다. 그리고 Role Play는 '고객 되어보기'에 해당됩니다.

Google Analytics 등과 같은 Social Analytics가 추가되는 것 외에는 '고객에게 물어보기', '고객 관찰하기', '고객 되어보기', '고객과 함께하기' 등으로 그 세부 방법론이 귀결되고 있음을 알 수 있습니다.

다음은 Pitch 단계입니다.

Pitch단계는 구매의 매력도(투자의 매력도)를 측정하는 것이 가장 중요한 목적 중 하나입니다. 따라서 벤처 투자자에게 Pitching하고 투자 받는 Kick Starter Campaign을 하거나, Pop-up Shop이나 SNS 광고 등을 통해 어느 정도로 구매의향이 나타나는지를 검증하는 것으로 생각해주시면 됩니다.

마지막으로 Actualize 단계를 살펴보겠습니다.

Actualize 단계는 'JUDO', 'Concierge', 'Wizard of OZ'으로 구성되어 있으며, 그 중 'Judo'는 한 기업의 사례를 통해 소개하겠습니다. 어느 열쇠고리를 만드는 스타트업의 직원이 자신들의 제품을 갖고 이케아 매장에 잠입합니다. (이케아 직원의 옷을 입어 다른 사람들이 보기에는 이케아 직원의 모습입니다.) 그리고 고객이 다니는 동선 상에 본인의 제품을 전시해두고 지근거리에서 지켜봅니다. 지켜보다가 어떤 고객이 그 열쇠고리를 들고 두리번거리며 직원을 찾는 모습이 보이면 재빠르게 다가가 고객이 '어떤 질문을 하는지', '무엇을 궁금해하는지' 등을 직접 확인합니다. 그리고 몇 명이 얼마나 그 물건을 구매해가는지를 실제 유통 매장에서 측정해보는 것과 같은 방법입니다.

다음으로 Concierge와 Wizard of OZ는 유사한 듯 다른데요. 공통점은 말 그대로 우리가 생각한 솔루션을 실제 세계에서 작동하며 검증하는 것이고, 차이점은 고객이 이 솔루션을 작동하는 것이 알고리즘이나 시스템을 통해서 하는 것으로 인식하는지, 사람이 수동으로 하는 것으로 인식을 하는지 여부입니다. 각 사례를 통해 더 구체적으로 살펴보겠습니다.

Wizard of OZ의 가장 대표적인 사례는 Zappos 사례입니다. 간단하게 설명드리면 Zappos의 창업자는 과연 고객들이 온라인으로 신발을 주문할 것인지에 대해 타당성을 검증하고 싶었습니다.

그래서 창업자는 오프라인 신발 매장에 가서 신발 사진을 찍고 그 사진을 웹 사이트에 업로드 합니다. 그리고 주문이 들어오면 창업자는 다시 오프라인 매장에 방문하여 고객이 주문한 신발을 본인이 구매하고 고객에게 배송했습니다. 실제 Backstage에서는 사람이 신발 사진을 찍고 주문을 확인해서 다시 구매하러 가고, 배송 보내는 수작업이 있었지만, 고객은 온라인으로 원하는 물건을 구매하고 배송 받아 마치 시스템으로 이루어지는 느낌을 가졌겠죠.

이에 반해, Concierge는 고객의 눈 앞에서 사람이 직접 가설을 검증하는 활동을 수행합니다. 즉, 프로젝트 팀이 제공하는 어떤 솔루션 등에 대해 고객이 보이는 반응에 따라 사람이 실시간으로 유연하게 대응하며 가설의 타당성을 검증하는 방식입니다. 느끼셨겠지만, 실제 구현을 통해 가설에 대한 타당성을 검증하는 것은 Concierge나 Wizard of OZ모두 동일하지만, Concierge는 Human Factor가 개입되기 때문에 솔루션 등을 상대적으로 유연하게 Pivoting해볼 수 있는 장점이 있습니다. (물론, Human Factor의 개입으로 인해 Wizard of OZ 기법 대비 우리의 가설을 정밀하게 검증하는데 있어서는 상대적으로 약할 것입니다.)

제가 각 단계별로 대표적으로 활용될 수 있는 검증 기법들을 소개했는데요. 사실 이러한 기법은 너무나 많이 소개되고 있습니다. 이러한 검증 활동에 대해 관심이 있는 독자들께서는 Learning Loop사이트에 접속하셔서 다양한 검증 기법을 확인하면 좋을 것 같습니다.

(Learning Loop 사이트 - www.learningloop.io)

11장
Learning Card와 Pivoting

•

11장
Learning Card와 Pivoting

·

우리는 앞서 타당성을 검증하기 위한 검증 질문 및 방법을 설계해보았습니다. 검증 활동을 요약하면 아래 3가지로 구성됩니다.

1. 타당성을 검증해보고자 하는 Assumption

2. Assumption을 검증하기 위한 실험 (질문지 설계)

3. 타당성 유무를 판단하기 위한 프로젝트 팀의 기준

우리가 고객에게 빠르게 검증 활동을 수행하게 되면 고객으로부터 Data Point를 얻게 될 것입니다. 그 Result는 정량, 정성 Data 모두 해당됩니다. 해당 Data를 보며 (1)우리가 수립한 가설의 타당성 또는 성공/실패 여부, (2)고객 pain point 해결을 위해 어떤 방향으로 다시 Pivoting을 해야 할 것인지에 대해 논의를 진행하게 됩니다. 실제 사례를 통해 살펴보겠습니다.

본 팀은 아래와 같은 Experiment 활동을 계획하고 있습니다.

Experiment	
Assumption to Validate	층간소음 때문에 매트를 설치한 3세 ~ 7세 아이의 엄마는 아이의 건강을 생각하여 바닥 청소를 자주 하고 싶지만, 매트가 무거워서 청소하기 버거움
Experiment Detail	5. 매트를 들어내고 바닥을 청소하는 이유는 무엇입니까?
	6. 매트를 들어내고 바닥 청소를 할 때 가장 애로사항은 무엇입니까?
	7. 매트를 들어내고 바닥 청소를 할 때 몸에 무리가 가십니까?
How Will Measure Success	5. 아이건강 (60%)
	6. 무거움 (70%)
	7. 바닥 청소할 때 몸에 무리감 (70%)

다음은 실제 고객을 만나 인터뷰를 수행한 결과입니다.

No.	1. 아이는 몇 명, 몇 세 입니까?	2. 현재 매트를 설치했다면, 어디에 설치했나요?	3. 자주 매트를 들어내고 바닥 청소를 하십니까?	4. 매트를 들어내고 바닥 청소를 주 몇 회 하십니까? (Mos: 안 한다 50%)	5. 매트를 들어내고 바닥을 청소하는 이유는 무엇입니까? (Mos: 60% 아이 건강)	6. 매트를 들어내고 바닥 청소를 할 때 가장 애로사항은 무엇입니까? (Mos: 70% 무거움: 사이즈 크기 제외)	7. 매트를 들어내고 바닥 청소를 할 때 몸에 무리가 가십니까? (Mos: yes 70%)
고객 A	남아 4세 남아 2세	거실, 아기방 (층간소음, 둘째 앉기 시작하면서 쿵 넘어짐 -> 안전을 위해)	자주 못함	일체형 매트: 주 1회 (무거워서 먼지가 잘 안 들어갈 것 같다)폴더형 매트: 매일 (상대적으로 가볍고 표면 재질이 매끈형이라 그런가 아이가 뛰고 나면 조금씩 움직이고 있음)	그냥 청소하는 것임 (머리카락 많이 나옴)추가적으로 하고 싶지만, 무겁고 아기 있어서 장난감이 많아서 치워서 청소가 많이 번거로움	일체형 너무 무겁다. 폴더형은 동일 두께인데도 상대적으로 가벼운데, 이음새 부분 먼지, 과자부스러기 많이 끼는 듯	엄청 힘듦
고객 B	남아 2살 (18개월)	거실, 놀이방 (층간소음 -> 100일 쯤 많이 넘어와서, 아이들 있는 집 다 설치함	반려동물을 키우고도 있어 더 자주하고 싶지만 힘듦	10일에 1회 그럼에도 충분한 것 같음 (물이나 오줌 흘리면 즉각 청소하고자 함. 그냥 두면 냄새나고 굳어지면 제거하기 더 어려움)	매트 틈새 먼지 끼고, 과자 먹고 나서 생기는 부스러기 등 생활 먼지 때문에 하는데, 이는 호흡기 질환 예방하기 위함임. 아파트보다 일반 주택보다 더 건조해서 기관지 질환에 위험성에 노출되어 있고 심지어 고양이를 기르기 때문에 민감한 편이나 막 살고 있음. (힘들어서)	피곤하다. 무거운 매트 치우고 다이슨으로 한 번 밀고, 물걸레질 하고 다시 마른거로 닦거나 물기 제거 후 매트를 두어야 하기에 매우 귀찮다	너무 힘들다
고객 C	여아 5세 남아 2세	마루, 놀이방 (층간소음 문제 -> 컴플레인 받은 적은 없지만 아이들이 활발하여 설치함)	네	주 1~2회	강화 마루인데 통풍의 문제로 바닥이 상할까봐. 1~2회/주의 청소 경우 먼지 없음 아이건강 (호흡기 질환 걱정)	무거움/ 매트를 접고 그 위에 무거운 것을 올렸을 때 매트의 변형/자국이 걱정	네
고객 D	여아 5세 남아 2세	아기방	아니오	주 1회	머리카락, 우유, 음료수 등을 흘려서 (아이건강은 mention x)	매트 위의 장난감 치우는 일 (매트 무게는 mention x)	아니오
고객 E	남아 15개월 (걷기 시작)	거실(아이가 가장 시간을 많이 보내는 곳)	아주머니 고용	청소 아주머니 고용 후 주 1회 개인이 청소 했을 땐 3개월에 1회	아이의 과자 부스러기	1) 아이 물건이 매트 위에 있어 옮기고 청소하기 어려움 2) 사이즈 퀸 사이즈 매트 2개를 겹쳐서 쓰는데 들어서 바닥을 닦음의 번거로움	네 (사이즈)
고객 F	남아 4세	거실 소파 앞, 안방 침대 밑 놀이방	네	들어내는건 1회/1달 반절씩 들어서 교대로 하는건 2일에 1회	머리카락, 부스러기	접는게 번거로움	허리 아픈데 항상 아픔

위 결과에 대해 Learning Card를 작성한 결과를 볼까요?

	Learning
Experiment Results	• 엄마가 매트를 무겁다고 인지하는 비율은 Mos 50%임 • 이 부분이 Pain으로 적용되어 청소가 버거움으로 인지되는 엄마는 이보다 작음 • 가벼운 소재 사용시엔 다른 추가적인 요구사항 (밀림방지 등) 있음이 확인됨
Whatwe learned	바닥청소 이유: 17% 기각
	바닥청소 애로사항: 50% 기각
	매트 들어 청소의 신체적 무리: 83% 채택
Next Step	• 친환경 소재로 만들어진 가벼운 매트가 바닥 청소를 용이하게 해주는 것이 매력적일 것이라는 가설 기각됨 • 가벼울 때 밀림방지 기능에 대한 추가적인 요구가 확인되어 매트 사용의 추가적인 기능에 대한 탐색 필요함

보시는 바와 같이 프로젝트 팀에서 수립한 가설에 대해 타당성을 고객에게 실제 검증하고, 이를 팀원과 함께 해석하며 Iteration을 수행하게 됩니다.

Iteration을 한다는 것은 다시 Persona로 돌아간다는 의미일 것이고, 타당성 검증 결과에 따라 Customer 부분이 수정된다면 Persona 상의 Fact와 Behavior 중심으로 보완이 될 것이고, Problem 쪽이 수정된다면 Goal과 Pain 중심으로 조정이 되겠죠.

그리고 이 4가지 사항은 아주 밀접하게 연결성을 갖기 때문에 수정되는 내용에 따라 4개 항목 모두가 함께 보완되며 앞서까지 살펴본 Process를 다시 수행하는 과정을 거치게 됩니다.

지금까지 설명한 활동을 요약하여 말씀드리면 아래 그림과 같습니다.

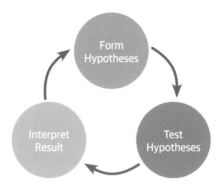

위 흐름은 Lean Start-up의 Build-Measure-Learn과 동일한 Process입니다. 그래서 저는 개인적으로 Working Backward는 세상에 없는 것을 Amazon 에서 창조한 것이 아니라 Design Thinking과 Lean Start-up 등 실리콘벨 리의 혁신 방법론의 장점을 추출하고 기업에서 실용적으로 활용할 수 있 도록 만든 것이라고 생각합니다.

이런 과정을 거쳐 Customer-Problem-Solution에 대해 프로젝트 팀이 확 신을 하게 되면 PR(Press Release) 형태를 통해 시장에서 성공하고자 하 는 모습을 사전적으로 정의하게 되는데요
다음 장에서는 보통 시장에 출시를 앞두고 기업이 내보내는 PR과 프로 젝트 진행 초기 단계에 작성되는 Amazon의 PR은 무엇이 다르고 이것이 프로젝트 수행과정 상에서 어떤 역할을 수행하게 되는지에 대해 살펴보 겠습니다.

12장

성공 모습을 보여주는 PR

·

12장
프로젝트의 성공적 모습을 보여주는 PR

본 글 초기 단계에서 Working Backward는 아래 5Questions의 답을 찾아 가는 과정이라고 언급했습니다.

1. 당신의 고객은 누구입니까?

2. 고객이 갖고 있는 문제는 무엇입니까?

3. 고객에게 가장 중요한 혜택은 무엇입니까?

4. 고객의 Needs가 존재함을 어떻게 알 수 있습니까?

5. 고객의 경험은 어떤 모습입니까?

Customer Discovery 활동을 충실히 수행했다면 우리는 이제 위 5개 질 문에 대해 답변을 할 수 있습니다. 고객은 Persona 상의 'Fact+Behavior' 로 구성되었고, Problem은 Persona의 Goal+ Pain으로 구성됩니다. 그리 고 우리가 검토했던 Solution에는 고객의 Benefit과 Experience가 검토되었고 고객이 실제 프로젝트 팀의 가설대로 니즈를 갖고 있는지 여부는 타당성 검증 활동을 통해 확인되었을 것입니다.

위의 5Questions는 기업에서도 일반 업무 수행 시 너무나 자주 언급되는 내용입니다. 그러나 Amazon의 Working Backward에선 위 Key Question에 대해 구성원들이 동일한 눈높이와 표준화된 Process 속에서 검토할 수 있도록 하는 것이 가장 큰 차이가 아닌가 싶습니다.

본 장으로 돌아와 PR은 5Questions의 답들로 구성한 것으로 Customer Discovery-Pitch-Actualize 3단계로 본다면 Pitch 검증과 밀접하게 연관되어 있습니다. 즉, "우리 프로젝트 팀의 컨셉이 정말 매력적입니다. 이 프로젝트를 선택해주시고 이 프로젝트에 투자해주세요"를 내부적으로 Pitching 하는 형태인 것이죠.

PR이 프로젝트 수행 과정에서 갖는 의미는 실행하고자 하는 내용의 궁극적인 지향점을 고객 경험과 Benefit 중심으로 명확하게 정의하는 것입니다. 그래서 PR은 전체 진행 과정 중 의사결정의 Criteria 역할을 수행할 수도 있습니다. 부연하면, 상품기획이나 새로운 사업을 개발해 나갈 때 실제 비즈니스 현장에선 수많은 옵션을 선택하는 의사결정의 연속이 일어납니다. 이 때 여러 대안들 중 고객의 문제를 해결하고, 고객의 Benefit과 경험을 구현하는데 있어서 무엇이 가장 좋은 안이 될 수 있는지를 PR

에 나와있는 내용을 바탕으로 검토하는 형태인 것이죠. 비록 PR이 한 페이지로 된 문서이지만 매우 중요하고 무거운 문서인 이유이기도 합니다.

Amazon에서 사용하고 있는 PR은 아래 9가지로 구성되어 있습니다.

1. Headline & Date
2. Idea Summary
3. Opportunity/Problem
4. Solution
5. Leader Quote
6. Customer Experience
7. Customer Testimonial
8. Call to Action
9. Footer

(구글에서 press release structure나 template를 검색해보시면 쉽게 확인할 수 있습니다. 그리고 Amazon에서 실제 작성된 PR도 확인 가능하니 독자 여러분들도 한 번 검색해보기를 추천합니다)

여기에서 중요한 것은 저희가 이 도구를 효과적으로 활용하는 것인데요. 그래서 제가 제안하고 싶은 사항은 1. 제목 및 날짜 / 2. 주장(컨셉)의 요약 / 3. 고객과 문제 / 4. 제공하는 솔루션을 통해 고객이 얻는 Benefit / 6. 솔루션을 경험한 고객의 Quotation 정도만 작성해도 충분하다고 생각합니다.

제가 수행했던 프로젝트의 초기 단계에 위의 핵심적인 사항들만 반영하여 작성했던 PR입니다.

언제 어디서든 쉽게 학습하는 Mobile Micro Learning

(2020. 11. 01)

00그룹 상품기획자들은 상품기획 관련 지식이 필요할 때 모바일로 접속하여 언제 어디서나 쉽고 빠르게 낭비 없이 필요로 하는 컨텐츠만을 학습할 수 있게 되었습니다.

그 동안 00그룹의 상품기획자들은 본인이 학습하고 싶은 내용이 있더라도 교육 과정이 열리는 시기까지 기다려야 하거나 적기에 교육을 참가하더라도 본인이 원하는 내용이 프로그램의 일부분으로만 다루어져 필요하지 않은 부분까지 학습하며 시간을 낭비하는 경우가 빈번했습니다. 또한, 상품기획자들이 경험하지 못한 영역의 업무를 담당하게 될 때 관련 내용을 긴급하게 학습하고 싶어도 적절한 자료를 찾기가 힘들고, 찾더라도 구조화된 내용으로 정리되지 않아 불만족스러웠습니다.

00그룹 상품기획대학의 'Mobile Micro Learning'은 Strategy, Portfolio, NPD Process, Organization, Tools & Metrics, Market Research, Life Cycle

Management 등 7개 영역에 70여개의 Mobile Learning 프로그램을 제공합니다. 본 교육에 참가하는 상품기획자들은 통근버스, 지하철, 화장실, 커피숍, 점심 시간, 쉬는 시간 등 시간과 장소에 구애 받지 않고 개인 휴대폰을 활용하여 원할 때마다 언제든지 쉽고 빠르게 컨텐츠를 체계적으로 학습할 수 있게 되었습니다.

특히, 컨텐츠는 영상만으로 구성된 것이 아니라 핵심 내용을 정리한 카드뉴스, 5분 내외의 엄선된 영상물(번역 제공), 이해 여부를 점검할 수 있는 퀴즈, 상품기획 실무 활용 관점에서의 생각할 거리(질문)과 현업 사례 공유, DBR 등의 아티클, 신문기사, 타 기업 사례 등 다양한 형태의 컨텐츠와 Activity가 프로그램에 반영되어 있어 컨텐츠를 재미있고 능동적으로 학습할 수 있습니다.

1차 과정에 참가한 00회사 상품기획팀 김MS 과장은 "상품기획 업무를 하다 보면 딱 막히는 순간들이 있어요. 그 시점에 체계적으로 정리된 내용이나 방법을 빠르게 확인해서 적용을 해보고 싶은 순간들이 많은데, 막상 개인적으로 리서치를 해서 내용을 확인해도 본질적인 내용이 맞는지에 대한 확신이 없었어요. 그런데 Mobile Micro Learning 프로그램은 상품기획 업무와 관련된 내용을 광범위하게 커버하고 있고, 컨텐츠들도 작은 단위로 나누어져 있어서 제가 꼭 필요로 하는 부분만 선택하여 볼 수 있어서 너무 유용했어요. 특히, 그 동안 PC로 학습하는 경우에는 접속이 번거롭고 귀찮아서 좋은 내용이 있어도 들어가지 않았었는데, 모바일 방식이라 출,퇴근 통근버스 안에서 심심할 때마다 접속해서 활용했었어요. 빠르고 가볍게 제가 필요한 핵심 내용을 선택해서 학습하는데 최고였어요." 라며 Mobile Micro Learning의 유용성에 대해 이야기하고 있습니다.

2020년 11월 현재 상품기획대학의 Mobile Micro Learning 방식은 자사 내 타 조직과 각 사 교육 부서에서 벤치마킹하며 상품기획 외 영역의 참가자들에게도 효과적인 학습 경험을 제공하는 형태로 확장되고 있습니다.

00그룹 상품기획대학은 본 Mobile Micro Learning 의 방식과 형태는 계속적으로 유지하되 컨텐츠는
현업의 요구를 바탕으로 지속 보완하여 00그룹 상품기획자들의 Insight Partner로서 역할을 더욱 강화해
나갈 계획입니다.

다음 Tips에선 위의 샘플을 통해 PR의 구성이 잘 드러났는지를 하나하나 뜯어보며 살펴보겠습니다.

실전 Tips
PR 작성 Tips

•

PR구성 하나하나를 모두 언급하는 것은 독자분들이 지루함을 느끼실 내용이라 주요 구성 중 가장 어려워하는 부분 중심으로 Tips를 설명하겠습니다.

(1) 헤드라인 & 날짜

헤드라인을 작성할 때 가장 중요한 것은 보는 사람으로 하여금 이 프로젝트 팀이 하고자 하는 바가 한눈에 드러나야 한다는 것입니다. 정말 읽고 싶을 만큼 매력도가 느껴지는 것이 정말 중요합니다.

다음은 날짜인데요. 보통 날짜를 쓸 때 실수를 많이 합니다. 대표적인 실수는 PR문서를 작성하는 그 시점(현재 시점)으로 날짜를 설정하는 것입니다. PR은 앞서 언급했듯이 시장에서 성공한 미래의 모습을 현재 시점에 상상하며 작성하는 것이기 때문에 문서의 날짜가 현재가 되어서는 안 됩니다. 이런 말씀을 드리면 제품을 출시하는 시점 정도로 날짜를 수정하시는 경우가 많은데요. 이러한 경우도 지양해야 합니다. 보통 PR을 제품 출시 시점에 작성하는 것이 너무나 익숙해서 그런 것이겠죠. 반복적으로 언급하지만 Working Backward는 시장에서 성공한 모습입니다. 제품이나 신사업 론칭 그 자체가 시장에서 성공이라고 할 수 없겠죠? 즉, 어떤 제품이나 서비스를 론칭하고 론칭한 시점/시장으로부터 유의미한 성공의 모습이 확인될 수 있는 시점으로 날짜를 작성해야 합니다.

(2) 주장의 요약 (핵심 컨셉)

주장 요약은 Headline을 조금 더 풀어 쓴 느낌이고, 2~3줄 이내로 가장 강조하고 싶은 사항이 드러나는 부분입니다. 주로 '고객'과 '제공하는 솔루션을 통한 고객 benefit'의 조합으로 만들 경우 핵심 컨셉이 잘 드러나니 Tips로 참고하길 바랍니다.

(3) 고객 Quotation

프로젝트 팀이 제공하는 솔루션을 경험하며 고객이 말하는 Quotation을 작성하는 것인데요. 이런 이런 이야기를 하겠지의 상상으로 문장을 만들기 보다 우리가 가정하고 있는 고객의 문제가 어떻게 해결되고, 그 문제 해결 속에서 어떤 경험을 하게 되는지가 명확하게 고객의 Quotation에 드러나도록 작성하는 것이 매우 중요합니다.

언제 어디서든 쉽게 학습하는 Mobile Micro Learning

헤드라인에 하고자 하는 바가 한눈에 드러나는지

(2020.11.01)

00그룹 상품기획자들은 상품기획 관련 지식이 필요할 때 모바일로 접속하여 언제 어디서나 쉽게 빠르게 낭비 없이 필요로 하는 컨텐츠만을 학습할 수 있게 되었습니다.

주장의 요약(핵심 컨셉)

그 동안 00그룹의 상품기획자들은 본인이 학습하고 싶은 내용이 있더라도 교육 과정이 열리는 시기까지 기다려야 하거나 적기에 교육을 참가하더라도 본인이 원하는 내용이 프로그램의 일부분으로만 다루어져 필요하지 않은 부분까지 학습하며 시간을 낭비하는 경우가 빈번했습니다. 또한, 상품기획자들이 경험하지 못한 영역의 업무를 담당하게 될 때 관련 내용을 긴급하게 학습하고 싶어도 적절한 자료를 찾기가 힘들고, 찾더라도 구조화된 내용으로 정리되지 않아 불만족스러웠습니다.

팀에서 Targeting하고 있는 고객과 고객의 문제

00그룹 상품기획대학의 'Mobile Micro Learning'은 Strategy, Portfolio, NPD Process, Organization, Tools & Metrics, Market Research, Life Cycle Management 등 7개 영역에 700여개의 Mobile Learning 프로그램을 제공합니다. 본 교육에 참가하는 상품기획자들은 통근버스, 지하철, 화장실, 커피숍, 점심 시간, 쉬는 시간 등 시간과 장소에 구애 받지 않고 개인 휴대폰을 활용하여 원할 때마다 언제든지 쉽고 빠르게 컨텐츠를 체계적으로 학습할 수 있게 되었습니다.

제공하는 솔루션과 고객의 Benefit

특히, 컨텐츠는 영상만으로 구성된 것이 아니라 핵심 내용을 정리한 카드 뉴스, 5분 내외의 엄선된 영상물(번역 제공), 이해 여부를 점검할 수 있는 퀴즈, 상품기획 실무 활용 관점에서의 생각할 거리(질문)과 현업 사례 공유, DBR 등의 아티클, 신문기사, 타 기업 사례 등 다양한 형태의 컨텐츠와 Activity가 프로그램에 반영되어 있어 컨텐츠를 재미있고 능동적으로 학습할 수 있습니다.

1차 과정에 참가한 00회사 상품기획팀 김MS 과장은 "상품기획 업무를 하다 보면 딱 막히는 순간들이 있어요. 그 시점에 체계적으로 정리된 내용이나 방법을 빠르게 확인해서 적용을 해보고 싶은 순간들이 많은데, 막상 개인적으로 리서치를 해서 내용을 확인해도 본질적인 내용이 맞는지에 대한 확신이 없었어요. 그런데 Mobile Micro Learning 프로그램은 상품기획 업무와 관련된 내용을 광범위하게 커버하고 있고, 컨텐츠들도 작은 단위로 나누어져 있어서 제가 꼭 필요로 하는 부분만 선택하여 볼 수 있어서 너무 유용했어요. 특히, 그 동안 PC로 학습하는 경우에는 접속이 번거롭고 귀찮아서 좋은 내용이 있어도 들어가지 않았었는데, 모바일 방식이라 출퇴근 통근버스 안에서 심심할 때마다 접속해서 활용했었어요. 빠르고 가볍게 제가 필요한 핵심 내용을 선택해서 학습하는데 최고였어요." 라며 Mobile Micro Learning의 유용성에 대해 이야기하고 있습니다.

고객의 Quatation

2020년 11월 현재 상품기획대학의 Mobile Micro Learning 방식은 자사 내 타 조직과 각 사 교육 부서에서 벤치마킹하며 상품기획 외 영역의 참가자들에게도 효과적인 학습 경험을 제공하는 형태로 확장되고 있습니다.

00그룹 상품기획대학은 본 Mobile Micro Learning의 방식과 형태는 계속적으로 유지하되 컨텐츠는 현업의 요구를 바탕으로 지속 보완하여 00그룹 상품기획자들의 Insight Partner로서 역할을 더욱 강화해 나갈 계획입니다.

제가 샘플로 작성한 내용은 모바일을 활용한 새로운 형태의 교육 프로그램이었는데요. 당시 2월경에 문서를 작성했고 계획 상으로는 7월에 론칭하고자 했습니다. 프로그램은 7월 ~10월까지 진행되는 것이었기 때문에 11월 1일 경에 새롭게 기획한 프로그램의 성공적 모습을 확인할 수 있지 않을까하는 생각에 11월 1일로 날짜를 설정했습니다.

이제 PR은 완성이 되었습니다. PR을 작성하고 나면 "초기 단계에 아름다운 성공의 모습을 상상하는 것이 뭐 어렵다고..." "실제 비즈니스에서 그렇게 만드려고 하면 검토해야 할 것들이 한, 두 가지가 아닌데…"라는 생각이 들게 됩니다. 좀더 구체적으로는 PR에 나와있는 솔루션을 구현하려면 가격 정책은, 기술은, 규제는, 채널은, 비용구조는, 유통 채널은 어떻게 하지 등등과 같은 고민이겠죠. 소위 말하는 비즈니스 모델에 대한 고민인데요. 이 부분을 다음 장에서 살펴보도록 하겠습니다.

13장
FAQ의 구성과 역할

13장
FAQ의 구성과 역할

•

Working Backward FAQ는 External FAQ와 Internal FAQ로 구성되며, 실무 Issue들을 매우 구체적으로 살펴볼 수 있게 합니다. External은 프로젝트 팀이 제안하고자 하는 컨셉에 대해 고객이 궁금할 수 있는 내용을 정리해가는 것이고, Internal은 Stakeholder(리더, 유관부서, 협력업체 등)과 사업적으로 검토해야 할 이슈를 정리하는 영역입니다.

그럼 External FAQ를 먼저 살펴보도록 하겠습니다.

저는 강의 또는 워크샵을 진행할 때 External FAQ를 설명하기 전, 참가자가 쉽게 이해할 수 있도록 실제 Amazon의 샘플을 확인하도록 합니다. 이와 마찬가지로 독자 여러분들도 구글에 접속하여 'Amazon FAQ'를 검색해보길 바랍니다. 그럼 AWS/FAQ라는 Page가 가장 상단에 나올텐데요. 그 사이트에 접속을 하여 FAQ 항목을 하나하나 클릭해서 확인해보길 바랍니다.

(URL: https://aws.amazon.com/ko/faqs/)

보셨나요? 보신 내용은 External FAQ에 한정된 내용입니다. External 만큼 또는 그 이상의 Internal FAQ가 존재하겠죠?

보통 이렇게 가이드를 드리면 얼마 지나지 않아 나지막한 탄성이 나옵니다. "이 정도로 Detail하게 많은 양을 정리한다"는 의미로 말이죠. 그만큼 고객 입장에서 깊게 생각하고, 고객이 겪을 수 있는 수많은 상황들에 대한 가이드를 빠뜨리지 않고 제공하고자 하는 Customer Obsession의 모습을 확인하실 수 있습니다.

다만, 개인적으로는 이렇게 FAQ로 정리하는 것은 서양 기업 특유의 문화적인 측면도 있다고 생각합니다. 한국과 같이 빠르게 적응하고 유연하게 대응하는 것이 아니라 모든 것이 매뉴얼화되어 있고, 그 매뉴얼대로 느리지만 정확하게 수행하는 것이 강조되는 것이 서구권 기업에서 보여왔던 문화이기 때문이죠.

그리고 FAQ를 통해 고객이 해결할 수 없는 문제가 없어야 한다는 철학을 이야기하고 있지만, 실제 제가 Amazon의 서비스를 이용하며 궁금하거나 도움이 필요한 사항을 FAQ에 들어가 찾아볼 때 방대한 양이나 정확한 검색이 어려운 이슈로 쉽게 포기하게 되는 현실적인 한계도 있습니다.

그래서 이 방법론을 활용하는 프로젝트 팀 입장에서는 '고객 입장에서 최대한 고민하고 검토하는 도구'로 활용하는 것에 초점을 두고, 실제 시장에서 고객과의 Interaction은 한국 기업들이 지금까지 잘해왔던 방법을 활용하는 것이 더 타당하다고 생각합니다.

다음 Tips에선 고객 입장에서 최대한 고민하고 검토할 때 도움이 되는 관점들을 살펴보겠습니다.

실전 Tips (1)
Enternal FAQ의 유용한 관점

•

제가 Amazon과 함께 프로젝트를 진행하며 FAQ에 대해 확인했던 내용은 Usage(제품사용 관련), Price(가격 관련), Support & Safety의 3가지 관점입니다. 각 관점 별로 세부 내용을 간단하게 살펴보시죠.

Usage

(1) 언제 어떻게 어디에서 구매할 수 있는지?

(2) 무료 체험은 가능한지?

(3) Pain Y를 해결하기 위해 Feature X를 어떻게 쓰는지? (사용법)

(4) 사용 시 주의사항은 무엇인지?

(5) 추가로 필요한 장비는 있는지? 있다면 사용은 어떻게 하는지?

(6) 사용 빈도는 어떻게 되는지?

(7) 사용 중 문제가 생기면 어디에서 어떻게 도움을 받을 수 있는지?

(8) 다른 제품과의 통합 사용 필요성이 있는지?

(그것을 위해 기존의 것을 바꿀 필요가 있는지/사람이 필요한지 등)

Price

(1) 가격은 얼마인지?

(2) Payment Plan, Discount, 제품 Types 별 사용 중 비용 발생 (Ex. Annual License Fee)

(3) 업데이트 등 숨겨진 비용 여부

(4) (Usage와 연관 중복) 무료로 써볼 수 있는지

Support & Safety

(1) 문제 생기면 어디에서 어떻게 도움을 받을 수 있는지?

(2) 제품 평균 수명 (유효기간)

(3) 고장 나면 수리, 보상 프로그램

(4) 보증기간, 환불, 부속품, 수리기간

(5) 사용자 보호를 위한 안전 기능

(6) 우리 주장을 넘어 정부인증, 기관인증, 규제 인증

(7) 시용 중 부상에 따른 피해 보상

(8) 보호 장치 (Data Privacy)

위 내용은 제가 Amazon의 Consultant 분들과 프로그램을 진행할 때 내용을 메모했던 것인데요. 가만히 뜯어보시면 특별한 내용은 없어 보입니

다. 다만 고객 입장에서 "세부 내용을 얼마나 쉽게 이해할 수 있도록 정리했느냐"는 기업마다 차이가 있습니다. 그리고 위와 같은 관점은 한국의 B2C 기업들이 운영하고 있는 홈페이지에 접속해서 FAQ를 확인해보시면 훨씬 더 풍부한 관점을 볼 수도 있습니다. 저는 개인적으로 통신사(SKT, KT, LG U+) 등의 사이트에 들어가서 참고하길 추천합니다.

실전 Tips (2)
Internal FAQ의 관점과 Business Model

이제 Internal FAQ를 살펴볼텐데요. Internal FAQ는 철저하게 사업의 타당성, 비즈니스 모델을 검토하는 과정입니다.

Business Model은 누구에게 무엇을 어떻게 만들어 어떤 방식으로 전달하는지에 대한 내용으로 귀결되는데요. 이미 세상에는 많은 Business Model의 Framework이 나와있기 때문에 독자 여러분들께서 기억하기 쉽고 이해하기 쉬운 Framework 하나를 선정하여, 검토하는 과업에 적용하기를 추천합니다.

기업에서 그동안 많이 활용하고 있는 것들은 주로 Ten types of innovation, 9 buildings block 등이 있는데요. 최신성은 떨어질 수 있겠지만, Story로 기억하기 쉬운 것은 9 buildings block입니다.
9 buildings block은 아래 그림과 같습니다.

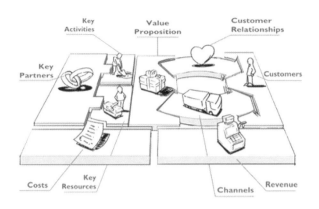

Business Model Canvas - Meeting of Minds (soton.ac.uk) 중 발췌 인용

위 각 항목에 대해 좀더 구체적으로 살펴보겠습니다.

(1) **Customer**: Working Backward에서 가정한, 문제를 가진 고객 집단을 의미합니다. 본래 이 모델을 이야기할 때는 크리스텐슨 교수의 맥도날드 밀크쉐이크 사례로 회자되는 Jobs to be done으로 설명이 많이 되는데요. 내용을 유튜브나 구글링을 통해 검색해보시면 Working Backward에서 이야기하는 Customer(Fact+Behavior), Problem(Goal+pain)과 그 구조나 맥락이 유사함을 확인하실 수 있습니다. 따라서 본 도서를 읽으시는 독자 여러분들은 프로젝트 팀에서 가정한 문제를 가진 고객 정도로 생각하셔도 충분할 듯합니다.

(2) **Value Proposition**: 고객의 문제를 해결하기 위해 제공하는 Solution입니다. 그 솔루션에는 고객의 Benefit과 경험이 내포되어 있을 것입니다.

(3) Channel: 우리가 제공하는 솔루션을 '구매 Process의 각 단계별로 어떻게 제공(Deliver) 할 수 있는가?'에 대한 내용입니다. 발견(Discovery), 평가(Evaluation). 구매(Purchase), 배송(Delivery), 사후 서비스(After sales service) 등의 단계로 살펴볼 수 있고 각 단계 별로 어떻게 Value를 고객에게 제공할 것인지 검토하는 내용입니다.

(4) Customer Relationship: 이 부분은 비즈니스 상에서 어떻게 고객을 확보하고(GET), 유지하고(KEEP), 지속적으로 성장(Grow)해 나갈 것인지에 대한 내용인데요. 최근 강조가 되고 있는, 고객이 우리 제품이나 서비스에 열광하는 수준의 팬덤을 어떻게 형성할 것인지에 대한 방법이 검토됩니다.

(5) Revenue: 앞서 이야기 드린 4가지 활동을 잘 수행하게 되면 고객은 우리 제품이나 서비스를 구매하게 될 것이고 그것이 곧 기업의 매출로 이어질 것입니다. 이 항목에서 가장 중요한 것은 '각 고객으로부터 어떻게 현금을 창출할 수 있을까?'에 대한 것이고 얼마나 많이 언제 돈을 받을 것인가와 같은 Tactic 수준의 Pricing보다 더 본질적인 것입니다. 즉, 고객들은 제공되는 서비스 혜택에 대해 어떤 가치를 둘 것인지, 어떤 가치가 고객들의 지갑을 열게 만드는 것인지, 어떤 가치가 가격(Pricing)에 거부감을 안 느끼게 만드는 것인지를 통합적으로 검토하는 것이 중요하다는 것을 유념해야 합니다.

(6) Key Resource: 제공하고자 하는 가치를 구현하기 위해 내부적으로 어떤 자원들이 필요한지에 대해 검토하는 항목입니다. 회사 사무실이나 지적 재산권, 인력, 자금, 설비 등이 그 예시가 될 수 있습니다.

(7) key Activities: 가치를 구현하기 위해 우리가 수행해야 하는 필수적인 활동은 무엇인지 검토합니다. 가치제안(Value Proposition), 유통채널(Distribution Channels), 고객관계(Customer Relationships), 수익창출 등에 필요한 핵심 활동들이 주로 검토됩니다.

(8) Partners: 모든 것을 기업 내부에서 수행할 수 없기 때문에 외부와 협업은 점점 증대하고 있습니다. 개발자나 유통회사, 투자자, 협력회사, 제휴처 등 가치를 창출하고 전달하는데 있어서 협업이 필요한 곳들을 검토하는 항목입니다.

(9) Cost Structure: 고정비(Fixed costs), 변동비(Variable costs) 등 가치를 창출하고 전달하는데 있어서 소요되는 비용들을 검토하는 항목입니다. 파트너 관련 비용, 인프라, 운영비용, 매출원가, 급여, 복리후생비, 보너스, 세금 등이 검토될 수 있습니다.

간략하게 각 항목에 대해 설명했습니다만, 9개의 항목이 무엇이 있는지 Storyline으로 기억을 해두시고 각 항목 별로 세부적인 사항은 웹 서치 등을 통해 확인하며 보완하기를 추천합니다. 9개의 Block을 Story로 기억하는 방법은 이러이러한 문제를 가진 고객(1번 Block)에게 이러이러한 Solution을 제공하고자 합니다(2번 Block). 그 솔루션은 이런 채널을 통해 제공하여(3번 Block) 고객들을 확보하고 유지할 수 있도록 하려고 합니다(4번 Block). 이것을 잘 수행하기 위해 필요한 자원(6번 Block)은 무엇무엇이 있는데 이 자원을 활용해서 이러이러한 활동을 수행하고자 합니다 (7번 Block). 그리고 우리 내부적으로 모두 수행할 수 없는 경우가 있기 때문에 이런 경우 외부와 함께 협업(8번 Block)하고자 합니다. 1번~4번 활동을 잘 수행하면 이는 우리 기업의 매출(5번 Block)이 되고 5번~8번 활동에는 비용 (9번 Block)이 소요될 것입니다. 이런 형태로 약간 순서나 내용이 완전히 정확하지는 않더라도 쉽게 기억할 수 있도록 자신만의 스토리라인을 만들면 도움됩니다.

그리고 각 Block 간의 조합을 통해 경우의 수를 서로 조합해보면 수십 개, 수백 개의 타당성을 검토할 수 있게 되고 그 속에서 나름 탄탄하게 FAQ를 작성해갈 수 있습니다.

마무리하며 · · ·

·

Amazon Working Backward는 Iteration process입니다. 한번의 PR, FAQ 작성으로 끝나는 것이 아니라 PR, FAQ 로 작성된 고객(Customer), 문제(Problem), 솔루션(Solution)에 대한 가설을 지속적으로 검증하며 5 Questions를 구체화해가는 과정이죠.

본 도서의 내용을 실전 업무에 적용한 독자께서는 다시 한번 하시고자 하는 내용이 고객의 문제를 본질적으로 해결해 주는 것이 맞는지 생각해 보면 좋을 것 같습니다.

Amazon의 내부 행사에서 한 직원이 Jeff Bezos에게 Working Backward가 너무 힘들다. 이것을 옵션으로 하면 안되냐는 질문을 던진 적이 있다고 합니다. 그 질문에 대해 Jeff Bezos가 직접 답변한 내용입니다.

"Working backward process should not be optional unless you know better way and you shouldn't know a better way until you've tried the working backward process several times. Working backward process is a huge amount of work but it saves you even more work later."

- Jeff Bezos

"워킹 백워드 프로세스는 우리 스스로 더 좋은 방법을 알고 있지 않는 한 선택이 아닌 필수다. 워킹 백워드 프로세스를 여러 번 반복하지 않는 한, 그것이 정말 좋은지 알 수 있는 길이 없다. 우리가 확신을 가져야 할 것은 워킹 백워드 프로세스가 실제 초기에 오래 걸리고 부수적 작업이 많을지 몰라도, 결국 나중에 제품/서비스를 잘못 만들어 초래하게 될 일들을 해결하느라 들이는 시간을 엄청나게 줄여줄 것이라는 사실이다"

저는 위의 답변을 보며 몇 가지 Key word가 눈에 들어왔습니다.
'더 좋은 방법을 알고 있지 않는 한', '반복', '초기에 오래 걸리고 나중에 줄여준다'

'더 좋은 방법을 알고 있지 않는 한'
여러가지 혁신 방법론들이 존재하지만 기업에서 효과성이 검증이 되었고, 활용의 구체적인 Manual이 있는 방법론이 무엇인가요?라는 질문에 저는 'Working Backward'입니다. 하고 답을 드릴 수 있을 것 같습니다. 즉, 더 좋은 방법을 알고 있지 않는 한 지금 시점에서 가장 의미있는 방법론을 적극적으로 활용해봤으면 합니다.

'반복'
우리가 생각한 것을 황소고집처럼 지속적으로 밀고 나가는 우직함이 아니라 가볍게 전개하고, 전개한 내용을 검증하고 다시 한번 생각을 수정/

보완하는 유연성, 그리고 그 속에는 항상 Customer가 1순위로 검토되는 고객 집착(Customer Obsession), 저는 이것이 빠르게 변화하는 시장에서 기업이 경쟁 우위를 유지하는 핵심 역량 중 하나로 오랫동안 지속될 것이라고 생각합니다.

'초기에 오래 걸리고 나중에 줄여준다'
아래 그림과 같이 글로벌 기업의 상품기획 방식이 초기 단계에 좀더 많은 비용과 시간이 들더라도 초기 단계를 잘 정의하여 개발/상용화 이후의 실패 비용을 줄이는 쪽으로 전개되고 있습니다.
Working Backward에서도 초기에 Persona를 작성하고 가설을 수립하고 고객에게 검증하는 절차들이 기존에 수행하고 있는 일하는 방식 대비하여 부수적 작업이 많고 비효율적으로 보일지 몰라도 이것이 결과론적으로는 훨씬 더 타당하고 효과적이라는 것을 담고 있습니다.

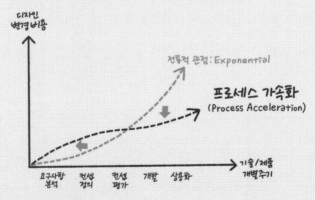

출처: 디자인리서치툴북, 조창규

이러한 철학적 배경에 대해 상품기획을 하거나 신사업개발을 하는 독자 여러분들께서는 한 번 쯤 곱씹어볼 만한 내용이라고 생각합니다.

제가 지금까지 이 도서를 통해 설명한 Working Backward가 Amazon의 Working Backward 전체는 아닙니다. 제가 알지 못하는 미지의 내용들도 당연히 있을 것이고 Amazon이 갖고 있는 Digital 역량을 이 방법론에 함께 접목하여 활용하는 영역도 있을 것입니다.

그리고 지금까지 설명한 방법들을 통해 도출한 내용을 구체적으로 Product으로 개발해가는 방식에는 또 다른 내용이 있을 것이고요.

다만, 지금까지 설명한 이 내용이 다른 기업에 의미가 있는 이유는 고객을 명확하게 하고, 고객이 갖고 있는 문제를 Pain 기반으로 도출하고, 고객의 Benefit과 Experience를 고려하여 Solution을 도출하는 이 과정이 산업, 기업의 규모, 비즈니스 특성을 막론하고 모두 적용가능하기 때문이 아닌가 싶습니다.

부족한 내용이었겠지만, 끝까지 이 내용을 읽어주시고 고민해주신 독자 여러분들께 진심으로 감사하다는 말씀을 전하며 이만 마치겠습니다. 감사합니다.

워킹백워드
워크북

"고객 가치 중심으로 일하는 방식"

초판 인쇄 2021년 08월 06일
초판 발행 2021년 08월 15일

저자: Rocky
편집/디자인: (주)미래엔

발행처: 주식회사 시그나이터
주소: 서울특별시 강서구 염창동 261-4번지
     한강G트리타워 지식산업센터 11층
대표전화: 02-355-5355
이메일: analog@seigniter.com
블로그: blog.naver.com/seigniter21

ISBN: 979-11-961485-5-3